Ben

Les Éditions des Intouchables bénéficient du soutien financier de la SODEC et du Programme de crédits d'impôt du gouvernement du Québec.

Nous remercions le Conseil des Arts du Canada de l'aide accordée à notre programme de publication.

Nous reconnaissons l'aide financière du gouvernement du Canada par l'entremise du Programme d'aide au développement de l'industrie de l'édition (PADIÉ) pour nos activités d'édition.

LES ÉDITIONS DES INTOUCHABLES
4701, rue Saint-Denis
Montréal, Québec
H2J 2L5
Téléphone : 514-526-0770
Télécopieur : 514-529-7780
www.lesintouchables.com

DISTRIBUTION : PROLOGUE
1650, boulevard Lionel-Bertrand
Boisbriand, Québec
J7H 1N7
Téléphone : 450-434-0306
Télécopieur : 450-434-2627

Impression : Marquis imprimeur inc.
Conception de la couverture et infographie : Geneviève Nadeau
Photographie de la couverture : Quayside / Shutterstock
Illustrations : Olivier Beauchamp
Révision, correction : Élyse-Andrée Héroux

Crédits photos :
Photo : Cindy Diane Rheault - Image ECOterre
Collier : Ada-Jito, http://adajito.blogspot.com/
Vêtements : Friperie Folle Guenille, 4039, rue Sainte-Catherine Est, Montréal, 514-845-0012, www.myspace.com/folleguenille

Dépôt légal : 2007
Bibliothèque et Archives nationales du Québec
Bibliothèque nationale du Canada

© Les Éditions des Intouchables, Cécile Gladel, 2007
Tous droits réservés pour tous pays

ISBN : 978-2-89549-295-5

Cécile Gladel

L'ÉCOLO
ÉCONO

**Des astuces pour protéger
la planète et votre portefeuille**

À mon père qui m'a appris à respecter la Terre.

*À Tristan ainsi qu'à tous les enfants du monde.
Pour que leur planète illumine longtemps la galaxie.*

Remerciements

Merci à Laure Waridel qui est à l'origine de la réalisation de ce rêve, à Steve Proulx qui m'a aidée à trouver le concept de l'année, Marie Charbonniaud qui m'a conseillée, à Chantal Lavoie qui a lu le plan préliminaire et m'a toujours soutenue. Merci de votre amitié.

Merci à Stéphanie Lapointe, Marco Calliari et Jacques Languirand d'avoir ajouté leur petit grain de sel et de leur générosité. Merci à Isabelle Boisvert pour les conseils vestimentaires lors de la photo. Merci à Christine Allard, ma coiffeuse préférée. Merci à Nicole Dumais de me dire presque toujours oui. Merci à Pierre Lussier de répondre toujours présent lorsque je l'appelle.

Merci à Geneviève Dorais-Beauregard, ma copine de toujours, de m'avoir donné un second souffle avec ses premiers commentaires. Merci à Carle Bernier-Genest, mon mentor, Steve Bélanger, mon coach, Katia Bohémier, ma douce amie, Nathalie Fortin et ma sœur Marie-Laure, qui m'ont donné leur opinion et ainsi aidée dans le choix de la couverture. Merci à ma fidèle amie Yvette Pouget et à mon beau-frère Filémon Espino de m'avoir encouragée. Merci à ma mère Bernadette d'avoir cru en moi.

Merci à l'équipe des Intouchables de m'avoir fait confiance. Ingrid Remazeilles pour son appui, son accompagnement, ses indispensables relectures, et Geneviève Nadeau pour son talent. Elle a su trouver la page couverture que je voulais. Merci à ses parents d'avoir une pelouse écolo. Merci à Élyse-Andrée Héroux pour ses précieuses et très justes corrections.

Merci à Katia Deschênes d'avoir embarqué dans le projet. Vive l'amitié qui dure !

Merci aux lectrices et lecteurs de mon blogue qui m'ont alimentée et inspirée en me posant mille et une questions et en me suggérant des gestes.

Merci aux membres du Conseil d'administration de l'Association des journalistes indépendants du Québec (AJIQ) dont je fais partie depuis deux ans.

Merci à ma famille et à mes amis qui m'ont encouragée, nourrie de leurs suggestions, qui m'ont écoutée parler de ce projet et conseillée sur le choix de la photo. Tout ça, c'était pour ça…

L'écolo écono

Un engagement citoyen, mais aussi corporatif et gouvernemental !

Économiser tout en faisant sa part pour l'environnement, quel beau projet ! Surtout lorsqu'on entend partout qu'être écolo, ça coûte cher; qu'acheter des produits bio, des produits équitables, une voiture hybride, une maison verte coûte plus cher.

Il faudrait donc être riche pour être écolo? Quelle légende urbaine ! Rien n'est plus faux. On ne peut que se demander à qui profite une telle légende. Peut-être à ceux qui y voient l'occasion d'augmenter les prix de certains produits, alléguant qu'ils sont moins néfastes pour l'environnement?

Il est vrai que certains produits sont plus dispendieux. Bien sûr, l'offre est encore supérieure à la demande, mais on économise à long terme, car on investit dans notre planète. Mais économiser en protégeant l'environnement, oui, c'est possible, et la solution se trouve quelque part entre le concept de la simplicité volontaire et celui de la consommation responsable.

Mais attention ! Économiser ne veut pas dire ici acheter au plus bas prix. En agissant de la sorte, on paye aussi le moins possible les travailleurs impliqués dans la production de ce que l'on achète. Le respect de la planète implique aussi le respect des humains qui la peuplent. *L'écolo écono* vous suggère des gestes qui protègent la planète et, du même coup, votre portefeuille.

Il est bien d'économiser pour avoir plus d'argent dans ses poches, pour travailler moins, pour voyager plus... Peu importe la raison, pourvu que ces économies engendrent également une économie des ressources de la planète.

Si l'engagement citoyen est primordial, il ne représente pas la panacée. Et surtout, il ne doit pas rester marginal. Les entreprises et gouvernements doivent faire un grand bout du chemin si l'on veut une planète plus en santé. Sans leur pleine implication, la solution sera incomplète, et ce, même si l'on tente de culpabiliser les citoyens en leur faisant croire qu'eux seuls détiennent le pouvoir de provoquer le changement.

Cela me rappelle ce qu'a dit Georges Marshall, environnementaliste et codirecteur de Climate Outreach and Information, dans l'excellent – mais déprimant – documentaire *Les réfugiés de la planète bleue*. Il y parle d'une entreprise brésilienne, Aracruz, qui exploite honteusement les forêts en y cultivant l'eucalyptus et en forçant les paysans à s'expatrier. La citation qui suit est l'une des raisons qui m'ont poussée à écrire ce livre :

« Si j'achète du papier qui contient de la pulpe de la compagnie Aracruz, même si je connais le problème au Brésil, je ne me sens pas personnellement responsable, car je ne suis qu'une personne parmi des millions qui achètent ce papier. Une personne parmi des millions qui achètent de l'essence à une station-service. Personne ne prend ses responsabilités face aux changements climatiques parce que tout le monde se dit que la responsabilité revient à quelqu'un d'autre. »

En fait, chacun fait partie de la solution. Chacun doit faire sa part. Mais actuellement, il semble que le citoyen porte la plus grosse, alors qu'il ne devrait pas en être ainsi. Dans ce livre, vous trouverez des outils, des idées et des conseils pour intégrer progressivement la protection de l'environnement dans votre quotidien.

Mais n'oubliez pas de faire pression, de vous impliquer pour que les changements soient permanents. Gouvernements et entreprises, c'est maintenant à votre tour !

Comment faire ?

Ce livre vous propose de prendre une année pour modifier quelques-uns de vos comportements. Une année divisée en quatre saisons, dont chacune contient une quarantaine de gestes. Pour chaque mois, on vous a réservé un projet plus important. Aucune économie n'est chiffrée, car tout dépend de votre style de vie, de votre engagement et des fluctuations de prix. Dans la section «Pour en savoir plus», vous trouverez, avec chaque geste et chaque projet, des adresses utiles. Le plus souvent, il s'agira de sites Internet, parfois de numéros de téléphone ou d'adresses physiques. Il est pratiquement impossible de produire un guide exhaustif, car tout change rapidement, et on ne peut connaître tous les organismes, entreprises et initiatives. Au moment où vous lisez ce livre, peut-être que certaines adresses ne sont plus valides. Mais elles l'étaient au moment d'aller sous presse. Dans tous les cas, vous pouvez m'en informer sur mon blogue : www.cecilegladel.com.

Tout ceci est bien beau, mais par où commencer? D'abord, il faut se poser des questions. Est-ce que notre style de vie et notre manière de consommer sont compatibles avec la survie de la planète?

Comment des gestes aussi simples peuvent-ils faire une différence? Si une personne change son comportement, il y aura un impact, alors imaginez l'impact si deux millions de personnes l'imitent?

Toutefois, l'écologie n'est pas une religion et personne n'est parfait, pas même moi, l'auteure, qui vous propose une foule de gestes et de projets. Vous voulez un exemple? Je suis une passionnée de Formule 1 et j'assiste chaque année au Grand prix de F1 du Canada. Il m'arrive également de prendre de longues douches, et de conduire un peu trop vite.

Des gestes quotidiens vous sont proposés pour vous aider à faire mieux, pour vous faciliter la vie. Il ne s'agit pas de changer vos habitudes du jour au lendemain ni d'adopter l'ensemble des gestes et projets proposés. Il faut simplement intégrer le comportement qui vous convient dans votre quotidien.

De même les douze projets du mois pour les douze mois de l'année. On avance pas à pas. Chaque projet nécessite une prise d'information, de l'organisation et du temps. Choisissez, évaluez, recommencez, perfectionnez, avancez à votre rythme.

Il est certain que nos actions semblent vaines, si on se compare aux entreprises. Elles aussi doivent agir. N'hésitez pas à le leur dire, ainsi qu'à nos gouvernements. Ils ont la responsabilité d'agir, et vous avez le pouvoir de les convaincre. Ne l'oubliez pas au moment des prochaines élections.

Votre empreinte écologique

Vous êtes prêts ? On y va !

Tout d'abord, voici quelques questions à vous poser au moment de faire vos achats :

– Se questionner sur l'éthique, sur le côté vert d'un produit, etc. :
- Est-ce que ce produit est nécessaire dans ma vie ?
- Combien de temps vais-je l'utiliser ?

– Se questionner sur la certification d'un produit, sur la véracité des propos d'un vendeur, comment savoir si on fait le bon choix :
- À quel endroit le produit est-il fabriqué ?
- Est-ce que ce produit semble avoir subi de grandes transformations ?
- A-t-il nécessité l'utilisation d'énergie non renouvelable, comme le pétrole ?
- Ce produit est-il fabriqué en matière recyclée, récupérée ? Est-il recyclable ?

Chaque être humain a besoin de ressources pour vivre. L'empreinte écologique est la trace qu'on laisse de notre passage sur Terre. Notre besoin en nombre de planète pour vivre. Notre style de vie, nos habitudes de consommation, les moyens de transport que nous utilisons modifient notre empreinte écologique. Plusieurs outils nous permettent de la calculer afin de vérifier dans quels domaines nous pouvons faire des changements et des améliorations. L'empreinte change aussi selon l'âge et le pays de résidence.

Pour la calculer, on répond à un questionnaire. Essayez !

Calculer son empreinte écologique (adultes)
www.earthday.net/footprint/info.asp

Calculer son empreinte écologique (enfants)
www.mddep.gouv.qc.ca/jeunesse/jeux/
questionnaires/Empreinte/Questionnaire.htm

Projets du mois

JANVIER

On s'organise

Nouvelle année, nouvelles résolutions. On commence tranquillement par planifier la réutilisation, la récupération et le recyclage. Lorsque l'on est bien organisé, tout va plus vite, et il n'y a plus de raisons de passer à côté d'une gestion adéquate de nos rebuts.

Le meilleur endroit est souvent le placard sous l'évier de la cuisine. On y aménage un espace pour le bac de recyclage, pour la boîte de récupération des piles, pour la boîte à compost si nécessaire.

Le bac de recyclage est parfois trop gros pour être placé dans la maison. La meilleure solution est de prévoir un grand contenant, par exemple, une poubelle de cuisine dont on change la vocation. Lorsque le contenant est plein, on transfère son contenu dans le bac de recyclage à l'extérieur.

On ne doit garder aucun déchet domestique dangereux dans la maison, mais les apporter dans un éco-centre au fur et à mesure. Si on ne peut le faire rapidement, le moyen le plus sécuritaire est de les ranger dans le garage ou le cabanon.

On y place également le contenant réservé à la récupération des piles.

Si vous faites du compostage (ou prévoyez vous y mettre au printemps), il est pratique de garder un contenant hermétique sous l'évier pour y déposer les déchets organiques. Cela vous évitera de sortir à tout moment pour les déposer dans le composteur.

On peut également dédier un placard au rangement des objets à réparer ou à donner, au fur et à mesure.

Du ménage

Évidemment, il faudra peut-être faire le tri des produits sous l'évier. Quand on sait que la famille canadienne moyenne consomme entre 20 et 40 litres de produits nettoyants domestiques chaque année – qui coûtent des centaines de dollars –, on peut facilement imaginer le ménage qui s'impose.

Une maison typique abrite en moyenne 63 produits chimiques différents. On peut s'en inquiéter, car l'air de nos maisons serait de 2 à 5 fois plus pollué que l'air à l'extérieur, selon l'Agence américaine pour la protection de l'environnement (EPA).

Santé Canada mentionne aussi que l'exposition aux produits nettoyants peut être nocive pour la santé, puisque beaucoup d'entre eux sont corrosifs, inflammables, toxiques ou chimiquement réactifs. Ils contiennent des produits chimiques causant des dommages à l'environnement et peuvent nuire à la santé de notre famille et de nos animaux de compagnie.

Il est donc urgent de changer nos habitudes et de réduire la quantité de produits qui se trouvent dans nos foyers. Une panoplie de produits ménagers remplit les rayons des magasins, mais sont-ils vraiment nécessaires ? Arrêtons de dépenser une fortune en produits de toutes sortes et limitons-nous à l'essentiel.

Il faudra aussi se débarrasser des produits dangereux qu'on ne devrait jamais garder dans la maison, comme les déboucheurs liquides pour les tuyaux (Drano). Ces produits émettent des composés organiques volatils qui sont nocifs pour la santé.

Éliminer les produits toxiques de la maison est aussi un excellent moyen de garantir la sécurité des enfants. En effet, Santé Canada souligne que l'ingestion accidentelle de produits nettoyants constitue un grave problème chez les enfants. « De 10 000 à 14 000 enfants en sont victimes chaque année au Québec », a constaté Jacques Normandeau, toxicologue pour la Direction de la santé publique des Laurentides[*].

FÉVRIER
Des REER éthiques !

C'est le temps de l'année où l'on pense sérieusement à ses placements. Il est temps d'investir dans des REER, si ce n'est déjà fait. Saviez-vous qu'il existe une manière « plus écologique » de placer son argent ? Celle-ci s'appelle l'investissement responsable. Le principe est simple : on investit notre argent dans des compagnies socialement responsables qui se comportent d'une façon respectueuse envers l'environnement, leurs employés et la société.

Les types de fonds éthiques sont très diversifiés et peuvent rapporter autant, sinon plus que les fonds traditionnels.

En fait, on choisit simplement de placer son argent selon ses valeurs personnelles, qu'elles soient sociales ou environnementales. Par ailleurs, les fonds éthiques sont assez semblables aux fonds mutuels traditionnels. La différence est que les gestionnaires de ces fonds éthiques n'investiront pas dans l'industrie de l'armement, des cigarettes, du nucléaire. Mais les compagnies pétrolières qui investissent dans les énergies renouvelables, démontrant ainsi leur engagement à trouver des alternatives, seront incluses dans certains fonds éthiques. Par exemple, Shell fait partie du fonds Desjardins Environnement.

[*] Gladel, Cécile. « Le grand ménage écolo », *Femme Plus*, avril 2007.

Outre l'aspect conseil et informatif, les gestionnaires de ces fonds exercent aussi des pressions sur les dirigeants des compagnies pour qu'elles deviennent socialement plus responsables et interviennent lors des assemblées d'actionnaires. Des rôles que remplissent des organismes comme le Groupe investissement responsable et le Regroupement pour la responsabilité sociale des entreprises.

Ce dernier organisme regroupe principalement des communautés religieuses. L'une de leurs porte-parole est sœur Esther Champagne qui a mené la bataille contre la centrale du Suroît. Ce groupe a aussi fait pression auprès d'Alcan, qui a créé une controverse en annonçant son intention de s'implanter en Inde. Un projet qui a finalement été abandonné.

On compte actuellement au Québec une trentaine de fonds éthiques. Le Groupe investissement responsable en fournit une liste. Chez les institutions financières, seuls le Fonds Environnement Desjardins et le Fonds Desjardins Éthique Équilibré canadien offrent ce type de placements. Les fonds de travailleurs de la CSN et de la FTQ sont aussi considérés comme fonds éthiques, car ils favorisent la création d'emplois au Québec. Les frais de gestion des fonds éthiques sont plus élevés que la moyenne. Ces frais sont justifiés par le travail supplémentaire requis pour analyser la gestion des entreprises au plan de la responsabilité sociale et environnementale.

Qu'est-ce que la responsabilité sociale des entreprises ?

La responsabilité sociale d'une entreprise (RSE) inclut tant la protection de l'environnement que le traitement adéquat de ses employés et les échanges avec la communauté. Mesurer le niveau de responsabilité sociale des entreprises n'est pas une mince tâche. Étant donné que la pratique n'est pas réglementée, chacun y va de sa propre interprétation. Les organismes chargés de compiler statistiques et palmarès, de même que les autres organismes de mesure des critères, tentent de relever le défi. Encore une fois, le consommateur doit s'informer.

Le seul organisme qui encadre la RSE au niveau international, le Global Reporting Initiative (GRI), ne produit pas de palmarès, mais développe des moyens de rendre compte des performances économique, environnementale et sociale des entreprises et des organismes, et son activité est basée sur la participation volontaire des compagnies.

POUR EN SAVOIR PLUS :
La responsabilité sociale des entreprises
• Le Regroupement pour la responsabilité sociale des entreprises : www.rrse.org
• Le Global Reporting Initiative (fondée sur une initiative de l'ONU) : www.globalreporting.org
• *Corporate Knight* (revue canadienne qui établit un palmarès annuel des entreprises les plus responsables socialement) : www.corporateknights.ca
• *Business Ethics* (revue américaine qui établit le palmarès des 100 meilleurs citoyens corporatifs) : www.business-ethics.com

L'investissement responsable
• Fiducie Desjardins (Fonds Éthique Équilibré canadien et fonds Environnement) :
www.desjardins.com/fr/a_propos/profil/histoire/diversification/fonds_placement.jsp
• Le Groupe investissement responsable :
www.investissementresponsable.com
• L'Association pour l'investissement responsable :
www.socialinvestment.ca
• Le Fonds d'investissement en développement durable :
www.fidd.qc.ca
• Fondaction (CSN) : www.fondaction.com
• Fonds de solidarité FTQ : www.fondsftq.com

MARS

Que faire de ses vieilles choses ?

L'hiver est presque terminé. On commence à préparer le grand ménage du printemps ou le déménagement. Il faut vider les placards et trier ce qu'on y trouve pour éliminer le superflu, les objets que l'on n'utilise plus. Mais pas question de les envoyer au site d'enfouissement ! Des solutions existent.

On commence par donner les objets dont on ne se sert plus aux nombreuses ressourceries dispersées à travers la province. On peut également appeler les organismes de bienfaisance, comme l'Armée du Salut, la Société de Saint-Vincent-de-Paul et autres. Les objets donnés doivent être en bon état.

La plupart des organismes viennent chercher les meubles et autres articles chez vous. Il faut cependant prendre rendez-vous, car la demande est forte, surtout en période de déménagement. On s'y prend à l'avance.

Pour les objets qui ne sont pas en bon état, on vérifie avec certaines ressourceries, comme le Recyclo centre de Sorel qui est doté d'un atelier de réparations, ou d'autres organismes de récupération. Même si vous pensez que l'objet est mûr pour la poubelle, quelqu'un pourrait peut-être le réparer et lui redonner une seconde vie.

Cette période est aussi l'occasion de procéder au ménage de sa garde-robe. On donne aux friperies (la Fripe-Prix Renaissance, par exemple), ou encore aux créateurs qui fabriquent des vêtements avec le tissu récupéré.

Certaines designers, comme celles de Moly Kulte qui confectionnent des modèles à partir de tissu récupéré, sont à la recherche de vêtements en bon état. Pantalons, jupes, foulards, cravates, bijoux, accessoires de couture, chapeaux, souliers trouveront une deuxième vie sous leurs doigts de fées. Geneviève Flageol et Geneviève Dumas se déplacent pour aller cueillir vos dons. Ingénieuses, ces deux artistes récupèrent les rouleaux de papier adhésif pour les transformer en bracelets; quant aux rideaux démodés qui servent de broderie pour des jupes ou des sacs à main fourre-tout. Finalement, rien ne se perd, tout trouve une autre utilité.

Si les vêtements sont trop abîmés, on les donne à des compagnies comme Certex, qui recycle le textile ou en fait des chiffons.

POUR EN SAVOIR PLUS :
• Le Recyclo-Centre de Sorel : 450-743-5224
• L'Armée du Salut : 514-935-7425 ou 418-641-0050 www.armeedusalut.ca
• Renaissance : 514-276-3626 www.renaissancequebec.ca
• Société de Saint-Vincent de Paul : 514-525-0232, www.ssvp.qc.ca
• Le *Guide du réemploi* de la Ville de Montréal (devenu *Couleur Bazar* pour la 7e édition, parue en 2007) : www.guidedureemploi.com
• Certex : www.certexcanada.com
• Moly Kulte : www.molykulte.com

Les deux organismes ci-dessous utilisent les dons de vêtements et de meubles pour se financer. Ils les revendent au Village des Valeurs, compagnie à but lucratif.
• Fondation québécoise de la déficience intellectuelle (à Montréal) : 514-725-9797, www.fqdi.ca/boites_de_dons/
• L'Entraide Diabétique du Québec (partout au Québec sauf à Montréal et à Longueuil) : www.entraidediabetique.org

Se débarrasser des déchets dangereux

Finalement, n'oubliez pas qu'il est interdit de jeter aux poubelles les médicaments, les restes de peinture, huiles usagées, solvants, pesticides, piles et autres. On les amène dans les éco-centres ou on attend la collecte sélective prévue dans certaines municipalités. Les éco-centres acceptent aussi les résidus de construction, le bois, etc. Les appeler avant pour vérifier les matériaux admissibles.

AVRIL

Réduire ses déchets électroniques

Notre siècle est celui de la révolution technologique. Tout évolue vite, très vite. Sauf que toutes ces avancées technologiques créent d'innombrables déchets très polluants. Dans la composition des accessoires électroniques, on trouve des métaux lourds (le plomb, le cuivre), précieux (or, argent), du plastique, du verre. Par ailleurs, la technologie devient rapidement obsolète, nous encourageant à acheter toujours le gadget dernier cri. On dépense et on jette. La plupart de ces déchets se retrouvent dans les sites d'enfouissement ou sont envoyés en Asie, même si l'exportation en Chine en est illégale. Le problème est qu'en Asie, en Chine surtout, les appareils ne sont pas démantelés de façon sécuritaire pour les travailleurs et l'environnement.

La gestion des déchets électroniques pose un problème environnemental de taille. Pour tous les appareils électroniques, la première règle est de faire des achats responsables et planifiés. Pourquoi ne pas donner votre vieil appareil qui fonctionne toujours?

Même s'il vous semble désuet, il fera certainement le bonheur de quelqu'un. Lorsque cela s'avère impossible, la dernière alternative est le recyclage.

La solution facile est de placer l'objet dont on veut se débarrasser devant chez soi, en espérant que quelqu'un le ramassera avant les éboueurs. Il faut éviter ça à tout prix. Se départir de ses appareils électroniques de manière écologique demande quelques efforts. Il faut trouver l'organisme qui gérera ce déchet de manière écologique, puis lui apporter l'objet en question. Si l'on a accès à Internet, il est facile d'aller sur le site de Recyc-Québec pour trouver un endroit qui recyclera de façon sécuritaire nos vieux appareils, en attendant que le Québec se dote de son propre programme de récupération provincial, comme l'ont fait l'Alberta et la Colombie-Britannique. Leurs programmes sont basés sur le modèle de celui qui gère la récupération des pneus.

Pour ce qui est des nombreux disques compacts, cédéroms et DVD, ils peuvent être récupérés ainsi que leur boîtier. Malheureusement, ils ne sont pas acceptés dans les bacs de recyclage. Il faut donc faire l'effort de les emmener dans les entreprises qui les récupèrent.

Les éco-centres des municipalités récupèrent également les déchets électroniques.

POUR EN SAVOIR PLUS :
• Recyclage des produits électroniques Canada :
www.rpec.ca
• Ordinateurs pour les écoles du Québec :
www.opeq.qc.ca
• Insertech : www.insertech.qc.ca
• Recyclage des piles et téléphones :
www.cellarecycler.org
• Le réseau des Centres de formation en entreprise et récupération (CFER) :
www.uqtr.ca/chaire_cfer/reseau/
• Second Cycle Électronique, Sept-Îles :
418-968-6400
• CFER de Bellechasse : Saint-Raphaël 418-243-3757
• FCM & CO, Lavaltrie : 450-586-5185, www.fcmco.ca
• Ecosys Canada : www.ecosys.ca

MAI

Le compostage

L'une des manières les plus efficaces de réduire ses déchets est de faire du compostage. Mais on ne doit pas improviser. On s'informe, on se procure un guide. Plusieurs organismes offrent des ateliers sur le compostage. C'est une bonne idée d'y participer pour partir du bon pied. En contactant votre municipalité, on vous orientera vers l'organisme de votre région qui organise ces ateliers.

Une fois les informations prises, on se rend à l'éco-quartier ou dans un centre de jardinage pour se procurer un composteur.

On l'installe dans un coin, en retrait de la cour ou du jardin, à l'ombre. Il doit cependant être accessible en tout temps, même en hiver. On le place directement sur le sol, qu'on aura creusé légèrement. Pour se faciliter la tâche, on garde un contenant hermétique dans la maison pour y placer nos déchets organiques, et on le vide régulièrement dans le composteur. En automne, on garde les feuilles mortes dans des sacs, dans le cabanon.

Le principe du compostage est assez simple. Lorsqu'on met dans le composteur une couche de déchets humides (légumes, fruits), on la recouvre de déchets secs (feuilles mortes, paille). Si les déchets sont trop humides, il vont sentir mauvais, donc on y ajoute des matières sèches. S'ils sont trop secs, on les arrose. Il faut également aérer le compost chaque semaine en le remuant. Cela permet l'oxygénation des déchets organiques, qui se décomposent ainsi plus rapidement.

On peut composter les résidus de fruits, de légumes, de sachets de thé, de café, de coquilles d'œuf, de feuilles, et les résidus de jardin, de plantes. Mais jamais de viande, de poissons ou de produits laitiers. Sinon, bonjour les odeurs et la vermine ! Et rassurez-vous, un compost qui fonctionne normalement n'émet aucune mauvaise odeur. Si ce n'est pas le cas, il faut soupçonner un problème et consulter un professionnel pour évaluer la situation.

Vous pouvez faire du compost en hiver sans problème. Les matières ne disparaîtront cependant pas, car elles seront gelées. Si vous vivez seul, un seul composteur fera l'affaire, même pour la période hivernale. Pour les familles, il est conseillé de posséder deux composteurs. Un seul ne sera pas suffisant pour l'hiver.

Les composteurs que l'on trouve dans le commerce se vendent entre 25 et 30 $. Il en existe d'autres types, un peu plus dispendieux, plus design et plus pratiques, à placer sur un balcon, comme le Blue Planet Smart, fabriqué en plastique recyclé.

Finalement, votre compost vous permettra de faire des économies ce printemps. Plus besoin d'en acheter pour reverdir le jardin et nourrir les plantes ! De plus, selon Environnement Canada, grâce au compostage, une famille de trois personnes peut réduire ses émissions de gaz à effet de serre de plus d'un huitième de tonne par année.

Le vermicompostage

Pour les personnes qui n'ont ni jardin ni balcon, le vermicompostage est la solution pour l'intérieur. Le principe est presque le même, sauf que ce sont les vers de terre qui font le travail. Il ne faut pas être dédaigneux. Il n'y aura aucune odeur si vous respectez les mêmes règles, mais il vous faudra ajouter du papier journal pour absorber l'humidité et vider régulièrement le récipient sous le vermicomposteur. Ce type de compostage est plus ardu pour les débutants. Il est vivement conseillé de participer à un atelier avant de se lancer.

POUR EN SAVOIR PLUS :
Le compostage
• Nova Envirocom, *Le compostage facilité*
1-866-898-6682 (pour commander par la poste, prévoir des frais de 10 $)
www.novaenvirocom.ca/publications.html
• Pour télécharger gratuitement le guide via le site de Recyc-Québec :
www.recyc-quebec.gouv.qc.ca/upload/Publications/zzzGUIDE_177.PDF
• Éco-quartier (le compostage en bref) :
www.eco-quartier.ca/compostage.htm
• Composteur Blue Planet Smart : www.blueplanetsmart.net
• Conseil canadien du compostage : www.compost.org/
• Recyc-Québec : Gérer les matières résiduelles à la maison :
www.recyc-quebec.gouv.qc.ca/client/fr/gerer/maison/resultat.asp

Le vermicompostage
• La ferme Pousse-menu à Montréal : 514-486-2345
www.pousse-menu.com
• Ateliers de lombric-compostage :
Éco-quartier Jeanne Mance et Mile-End
Contact : Valérie Koporek, 514-288-1402
monquartier@ecojm.org
• Éco-quartier St-Sulpice :
www.eco-quartier.ca/vermicompostage.htm
• Carnet horticole et botanique du Jardin botanique de Montréal :
www2.ville.montreal.qc.ca/jardin/info_verte/fiches/vers.htm
• Environnement Canada :
www.on.ec.gc.ca/community/classroom/millennium/m4-vermi-f.html
• Association québécoise pour la promotion de l'éducation relative à l'environnement (AQPERE) :
www.aqpere.qc.ca

JUIN

Réno écolo

Procéder à quelques améliorations dans sa demeure pour la rendre plus écologique est possible. Pour s'informer avant de débuter, des formations sont offertes. Emmanuel Cosgrove, consultant en construction écologique, donne un atelier sur le sujet. On peut aussi suivre le cours sur les maisons saines que donne André Fauteux, l'éditeur de la revue *La Maison du 21e siècle*. Le plus important lors de rénovations vertes reste la récupération et le recyclage des matériaux, objets et meubles que l'on n'utilisera plus. La rénovation de type «Bulldozer» que pratiquent les entrepreneurs de l'émission de la chaîne ABC, *Extreme Make-Over, Home Edition*, est loin d'être environnementale ou économique. Une foule de matériaux encore utilisables prennent le chemin du site d'enfouissement.

Par où commencer? Il faut d'abord déterminer les principales sources de pollution présentes dans votre maison. On établit ainsi des priorités dans nos rénovations afin d'éliminer rapidement les substances toxiques les plus importantes. Publiés par la SCHL, le *Guide d'assainissement de l'air* et le guide intitulé *Matériaux de construction pour les personnes hypersensibles à l'environnement*, qui évaluent les risques pour la santé de 180 matériaux et produits, permettent de faire une bonne estimation des problèmes potentiels.

Les sources de pollution qui peuvent engendrer des problèmes de santé sont diverses. La rénovation écolo entraîne, en plus d'une meilleure santé, des avantages pour l'environnement et pour l'économie locale.

Quelques conseils

Certains revêtements de plancher sont à proscrire, comme la moquette et le vinyle. On les retire donc. Dans de nombreux appartements, sous les différentes couches, on découvre généralement un plancher de bois. Il suffit de le sabler et d'appliquer une huile de finition non toxique ou un vernis à l'eau afin de lui redonner son charme d'antan. Mais attention! Les solvants contenus dans les vernis traditionnels sont source d'émanations de composés organiques volatils (COV). Le plancher de la cuisine peut être recouvert d'un revêtement durable comme la céramique, l'ardoise ou le linoléum. Pour les murs, la restauration la plus facile et la plus courante est de repeindre, en utilisant des peintures sans COV ou récupérées.

Autre source de pollution: les meubles, les accessoires de décoration, les armoires et les comptoirs de la cuisine et de la salle de bains. Ils sont souvent fabriqués à partir de panneaux de particules, de panneaux de fibres de densité moyenne (MDF) ou de mélamine. Ceux-ci sont peu recommandés, parce qu'ils sont confectionnés avec de la colle et des agents scellants qui dégagent des polluants, parfois durant plusieurs années. Les meilleurs choix restent le bois dur massif, plus cher, et le contreplaqué de bois résineux.

De plus, dans la cuisine et dans la salle de bains, il est avantageux d'installer de bons systèmes de ventilation pour éliminer l'humidité et, du même coup, les risques de moisissure.

On peut également procéder à quelques changements faciles à l'extérieur de la maison. On peut planter de la vigne grimpante le long des murs, des arbustes, un arbre pour créer de l'ombre en été. On peut également éliminer l'asphalte de la cour pour réduire l'étouffante chaleur estivale des îlots urbains.

POUR EN SAVOIR PLUS :
• Archibio, groupe d'intervention en habitat écologique :
514-985-5734, www.archibio.qc.ca
• *La maison du 21e siècle*, la revue de la maison saine :
Introduction à la maison saine, cours donné par André Fauteux :
www.21esiecle.qc.ca
• *Éco-logis*, guide publié par le Centre d'écologie urbaine :
514-282-8378, www.ecologieurbaine.net
• Trois publications de la Société canadienne d'hypothèques et de logement (SCHL) : 514-283-2222 ou 1-888-772-0772, www.cmhc-schl.gc.ca
Rénovation de la maison saine, trucs et conseils pratiques
*Matériaux de construction pour les personnes hypersensibles
à l'environnement*
Guide d'assainissement de l'air
• L'organisme Écohabitation pour trouver des suggestions de livres et de sites Internet, un annuaire et un forum :
514-985-0004, www.ecohabitation.com

La peinture plus écolo
• Boomerang : www.peintureboomerang.com
• Éco-peinture, peinture récupérée : www.peinture.qc.ca
• Benjamin Moore :
www.fr.benjaminmoore.ca/home.aspx?&userLanguage=fr

JUILLET

Des vacances plus écolos

C'est le temps des vacances. Les enfants vont au camp d'été ou restent à la maison. On fait des sorties, on va à la plage ou on part visiter un autre coin de notre planète.

Pour chaque semaine de ce mois de juillet, on peut planifier une activité plus écolo. Voici quelques suggestions de sorties moins « énergivores ». Vous n'aurez pas forcément besoin de votre automobile. Il est possible que vous n'ayez pas le choix de l'utiliser ou non, mais songez qu'il peut être difficile de parcourir plusieurs kilomètres en voiture avec des enfants ou un nouveau-né.

Si les enfants sont plus vieux, on peut planifier plus de sorties à bicyclette, histoire de découvrir notre région. Trop souvent, on oublie de visiter notre coin de pays. La Route verte est désormais ouverte, pourquoi ne pas la découvrir ? Elle sillonne le pays. Il y a donc de bonnes chances pour que cette route passe près de chez vous.

> **POUR EN SAVOIR PLUS :**
> • La Route verte :
> www.routeverte.com

On peut profiter des parcs de notre municipalité ou des parcs nationaux pour faire des randonnées et des pique-niques. Le parc des îles de Boucherville, en banlieue de Montréal, est facilement accessible à bicyclette, par le traversier. Les enfants adoreront voguer sur l'eau.

Par ailleurs, les parcs de la Société des établissements de plein air du Québec (SEPAQ) offrent de nombreuses possibilités pour camper ou louer un refuge dans la forêt. Une manière de reprendre contact avec la nature. On peut aussi faire du canot et du kayak. On demeure cependant fidèles aux principes du sans trace, décrits en page 205.

> **POUR EN SAVOIR PLUS :**
> • SEPAQ : www.sepaq.com
> • Fédération québécoise du canot et du kayak :
> www.canot-kayak.qc.ca

Grimper aux arbres

L'hébertisme est une activité qui connaît une popularité croissante depuis quelques années. L'objectif est de se déplacer d'arbre en arbre au moyen de cordes, fils d'acier, rondins, etc. En tout temps, la personne est attachée de manière sécuritaire au moyen d'un harnais et de deux mousquetons.

> **POUR EN SAVOIR PLUS :**
> • Le centre d'hébertisme Arbraska :
> www.arbraska.com
> • Le réseau D'Arbre en Arbre :
> www.arbreenarbre.com

Si, finalement, vous décidez de voyager à l'extérieur du Québec, vous pouvez troquer la voiture, l'avion ou l'autobus pour le train lorsque c'est possible.

> **POUR EN SAVOIR PLUS :**
> • Aventure Écotourisme Québec :
> www.aventure-ecotourisme.qc.ca
> • Programme Sans trace Canada : www.sanstrace.ca

AOÛT

Une rentrée scolaire plus écolo

Il est temps de préparer la rentrée et de passer à travers la liste de fournitures scolaires, souvent trop longue et se composant d'articles de plus en plus spécifiques et dispendieux. Pas très écolo ! Il est possible de dépenser moins tout en respectant l'environnement. La Commission scolaire des Hautes-Rivières, située à Saint-Jean-sur-Richelieu, a été, en 2005, la première commission scolaire à encourager les parents à récupérer les fournitures scolaires usagées. Pourquoi pas? Pourquoi inciter les parents à dépenser pour du neuf chaque année? Si votre commission scolaire ou les professeurs de vos enfants ne sont pas très sensibilisés, prenez l'initiative. Pourquoi racheter reliures, cahiers, crayons, sac d'école, règle et taille-crayons chaque année? Il est temps de prendre le virage environnemental. Faites l'inventaire du matériel qu'il vous reste des années précédentes, pensez au réemploi avant de jeter à la poubelle ou de recycler le contenu des sacs d'école de vos enfants.

Des achats plus verts

Autre solution écolo: l'achat de fournitures durables et respectueuses de l'environnement. C'est ce que propose la coop La Maison verte, à Montréal. On y déniche des cahiers en papier recyclé 100% postconsommation, des plumes rechargeables en carton recyclé et en bois, des sacs et des porte-crayons en matières récupérées, des crayons de couleur en bois naturel, etc.

Boîte à lunch écolo

Tant qu'à commencer l'année scolaire du bon pied, pourquoi ne pas verdir la boîte à lunch? On peut réduire les contenants individuels, privilégier les plats et ustensiles réutilisables. On évite tous les aliments emballés individuellement. Les enfants seront ravis de faire leur part en relevant le défi de réduire la quantité de déchets produite par leur boîte à lunch.

Les Établissements verts Brundtland (EVB) et Recyc-Québec proposent des conseils sur la boîte à lunch ainsi que sur plusieurs sujets d'intérêt, tant pour sensibiliser les jeunes que leurs parents.

> **POUR EN SAVOIR PLUS :**
> • La coop La Maison verte : www.cooplamaisonverte.com
> • L'association française Consodurable :
> www.consodurable.org/faq_detail.php?id=39
> • Recyc-Québec : www.recyc-quebec.gouv.qc.ca
> • Le défi de la boîte à lunch écologique des écoles EVB :
> www.evb.csq.qc.net/index.cfm/2,0,1666,9701,0,0,html
> • ENJEU : 514-252-3016, www.enjeu.qc.ca
> • Québec'ERE, organisme non-gouvernemental à but non lucratif, consultant en éducation relative à l'environnement :
> www.quebec-ere.org
> www.allantvert.org/frame.ecole.expo.html

SEPTEMBRE

L'éternel débat : achat local ou produit biologique ?

Le débat entre les produits locaux et les produits biologiques est d'actualité. La meilleure solution est d'acheter des aliments biologiques et produits localement. Quand c'est impossible, on achète des produits locaux non biologiques. Faites l'essai durant un mois. Ne faites l'épicerie que chez les producteurs locaux, dans votre quartier ou votre région.

On peut en profiter pour faire des provisions en allant cueillir des fruits frais directement chez le producteur. L'autocueillette coûte moins cher. C'est aussi une excellente activité à faire en famille ou entre amis. Si on cueille des fruits en grande quantité, on peut les congeler, ou en faire des conserves ou de la confiture.

Vous pouvez vous renseigner auprès de l'Union biologique paysanne, qui coordonne le répertoire des producteurs biologiques pour chaque région. On ne le trouve que sur le site Internet en faisant une recherche selon la région.

POUR EN SAVOIR PLUS :
• www.quebecbio.com

Attention à l'étiquetage !

L'étiquetage ne facilite pas vraiment la vie du consommateur dans sa quête de produits locaux. Même s'il est obligatoire d'afficher le pays d'origine du produit, une règle peut induire en erreur. Si 51 % du coût total du produit est dépensé au Canada, il est identifié comme provenant du Canada, peu importe la provenance de la matière première. Des légumes congelés cultivés à l'étranger, mais dont la transformation et l'emballage sont faits au Canada, sont identifiés comme produit canadien. Pour s'assurer d'acheter local, on se rend chez le producteur. Si on achète dans un marché, une fruiterie, un supermarché, on pose des questions.

Par ailleurs, Wal-Mart a une conception particulière de l'achat local. Sa nouvelle appellation, Achat-Québec, est apposée sur des produits qui n'ont pas obligatoirement été cultivés au Québec. Un pot de cornichons provenant de l'extérieur du Canada est identifié Achat-Québec. « Si notre chèque est envoyé à une entreprise du Québec ou que le produit est fabriqué au Québec, il fera partie du programme Achat-Québec et sera identifié ainsi en magasin. Donc, dans le cas du cornichon, il ne viendra pas nécessairement du Québec », explique Yanik Deschênes, porte-parole de Wal-Mart[*].

> **POUR EN SAVOIR PLUS :**
> • Le Conseil des appellations agroalimentaires du Québec (CAAQ) : www.caaq.org/accueil.asp
> • La Fédération d'agriculture biologique du Québec (FABQ) : www.fabqbio.ca
> • Le Centre d'agriculture biologique du Canada (CABC) : www.oacc.info/index_f.html
> • Acheter-Bio.ca : www.acheter-bio.ca

OCTOBRE

Une maison prête à affronter l'hiver

L'hiver s'en vient, il est temps de préparer la maison pour les grands froids. On fait le tour de l'extérieur de la maison pour vérifier les éventuels problèmes, en particulier l'enveloppe extérieure et le toit. On ajuste les portes et fenêtres qui ferment mal, car plus de 25 % des infiltrations d'air froid à l'intérieur sont dues à des ouvertures mal ajustées. Il est également préférable de faire une nouvelle application de scellant avant l'hiver. Des coupe-froid peuvent être aussi installés autour des portes extérieures. On place des joints d'étanchéité sur les prises électriques murales.

---

[*] Gladel, Cécile. « Étiquetage : Comment s'y retrouver », *La Presse*, 4 novembre 2006.

Des visites gratuites

Des organismes offrent des visites éco-énergétiques pour vérifier l'étanchéité de votre demeure. Selon votre revenu, ces visites seront gratuites ou non. Pourquoi ne pas en profiter? Les changements à apporter sont parfois minimes, mais peuvent faire une différence sur votre facture d'électricité.

Nature-Action, Équiterre et Option consommateurs sont des organismes offrant ce service d'efficacité énergétique aux ménages.

Ce programme est financé par l'Agence de l'efficacité énergétique (AEE). La liste des organismes qui offrent le service est accessible sur le site Internet www.aee.gouv.qc.ca ou au 1 877 727-6655.

On peut aussi procéder à quelques modifications soi-même. On part à la chasse aux fuites d'air. Une période de grand vent est idéale. Si l'on sent de l'air froid qui entre, cela signifie que de l'air chaud sort. Alors, on calfeutre au lieu de monter le chauffage. Les accessoires nécessaires se trouvent facilement à la quincaillerie, à peu de frais.

> **POUR EN SAVOIR PLUS:**
> • Fonds en efficacité énergétique pour les clients de Gaz Métro: www.fee.qc.ca

NOVEMBRE

Des vêtements plus éthiques

Le terme «mode éthique» est large. Il inclut les designers qui fabriquent des vêtements uniques et originaux en tissu récupéré, en coton biologique, bambou, soya. On trouve aussi dans cette catégorie des vêtements et des accessoires fabriqués avec des matériaux équitables par des coopératives, ou tout simplement des designers qui fabriquent leurs modèles au Québec.

Les boutiques incontournables pour acheter plus éthique

SHERBROOKE
• Ejust
87, rue Wellington Nord
819-829-9928, www.ejust.ca (en anglais)

QUÉBEC
• Boutique Oclan
67 et demi, rue du Petit-Champlain
52, boulevard Champlain
418-692-1214, www.fucklamode.com

MONTRÉAL
• On & On (créations confectionnées à partir de tissus récupérés)
6600, rue Saint-Urbain, atelier 501
514-840-9019, www.onandon.ca
• Rien à cacher
4141, rue Saint-Denis
514-842-8819, www.rienacacher.com
• Folle Guenille
4039, rue Sainte-Catherine Est
514-845-0012
• La Gaillarde
4019, rue Notre-Dame Ouest
514-989-5134, www.friperielagaillarde.com
• Crazy Lily
6300, Plaza St-Hubert
514-293-4598

• Mountain Equipment Coop :
www.mec.qc.ca

• *Guide du vêtement responsable*, Équiterre :
www.equiterre.org

• Le bottin Designers Réc'UP du Québec :
www.vousetesici.ca

DÉCEMBRE

Un Noël plus écolo

La folie du magasinage de Noël bat son plein. On dépense sans compter, on court d'une réception à une autre, on décore. Cette période marque un sommet de notre consommation et implique l'utilisation intensive de notre carte de crédit. Est-il possible de fêter Noël de façon plus écolo, et plus « écono » ? Voici quelques conseils pour y parvenir.

Outre le fait de diminuer sa liste de présents, on peut faire des achats plus responsables. Rendez-vous donc dans les commerces qui proposent des produits équitables, biologiques, locaux ou du terroir, comme ceux que l'on trouve au Marché des saveurs. Le site Internet www.ethiquette.ca rassemble également une foule de suggestions d'achats plus responsables. Une adresse indispensable, où vous trouverez un bottin bien garni.

POUR EN SAVOIR PLUS :
• Marché des saveurs :
www.lemarchedessaveurs.com

Les déchets du temps des fêtes

Pour emballer les cadeaux, on choisit un sac en papier ou en tissu que l'on réutilisera. On choisit la vaisselle réutilisable pour les réceptions, et on évite le gaspillage de nourriture. Finalement, durant cette période où l'alcool coule à flots et où les déplacements sont nombreux, on utilise le transport en commun ou le covoiturage. Écologiques… et sécuritaires !

Des décorations économiques

Durant les fêtes de fin d'année, il est de coutume d'embellir la maison avec des centaines de petites ampoules magnifiques qui, réunies, consomment énormément d'électricité. Pour que nos décorations n'illuminent pas inutilement la rue toute la nuit, on installe une minuterie pour qu'elles s'allument à 18 heures et s'éteignent à minuit. On utilise des guirlandes de lumières DEL (diodes électroluminescentes) qui consomment de 80 à 90 % moins d'électricité que les guirlandes classiques. Elle sont un peu plus dispendieuses à l'achat, mais durent sept fois plus longtemps que les ampoules traditionnelles. Ajoutons qu'elles sont moins sujettes aux bris et qu'elles produisent peu de chaleur, réduisant ainsi les risques d'incendie.

La simplicité volontaire et Noël

Le Réseau québécois pour la simplicité volontaire (RQSV) présente des conférences chaque mois. Avant Noël, l'organisme offre souvent des conférences sur la simplicité volontaire et le temps des fêtes. Une bonne manière de glaner des conseils utiles. Et souvenez-vous, la simplicité volontaire n'est pas synonyme de pauvreté, c'est une manière de vivre plus simplement, selon ses propres besoins.

Quelques idées de cadeaux plus responsables

Pour le plaisir du palais

Lorsque l'on veut offrir le plaisir gustatif en cadeau, chocolats, café, riz équitables et produits du terroir québécois constituent d'excellents choix. Les Divins Chocolats de Sandra, une entreprise de

Terrebonne (www.vieux-terrebonne.com, Répertoire des commerçants, section Alimentation), offrent une grande variété de chocolats certifiés équitables. Une première au Québec. On peut également se procurer le panier-cadeau d'Équita (www.equita.qc.ca), composé de plusieurs articles équitables.

Des jouets

Noël est la fête des enfants. Ils croulent sous les cadeaux. Éveillez leur conscience sociale en leur offrant les bandes dessinées engagées de l'illustratrice montréalaise Élise Gravel, publiées aux éditions Imagine (www.editionsimagine.com). Soyez éducatifs avec le cédérom *Eau secours! Professeur Scientifix* (debrouillards.creo.ca). Ce jeu inclut 27 expériences à réaliser à la maison. Plusieurs compagnies québécoises commercialisent des jeux et jouets plus écolos et responsables. Mentionnons les compagnies Intelli-Kid (www.Intellikid.com) ainsi que les Jouets Boom inc. (www.jouetsboom.com), qui utilisent des boîtes fabriquées à 70 % de carton recyclé.

Autres

POUR EN SAVOIR PLUS:
• Des sacs écolos, comme ceux d'Atelier Scrap, confectionnés à partir de bannières en CPV :
www.atelierscrap.ca
• Les produits Druide :
www.druide.ca

Des salons pour les idées!

Surveillez également les divers salons qui vous proposent une foule d'idées-cadeaux. À la Biosphère, à Montréal, le Salon des artisans récupérateurs québécois vous permettra de trouver un cadeau plus responsable. Le Salon des métiers d'art propose également de nombreux objets produits localement.

POUR EN SAVOIR PLUS :
• Noël vert à la Biosphère – Salon des artisans récupérateurs québécois :
www.biosphere.ec.gc.ca/internet/biosphere/Expositions_et_activites_pour_tous-WS69502346-1_Fr.htm#vert
• Le Salon des métiers d'art :
www.salondesmetiersdart.com

Légende des symboles

 aucune économie

 geste facile

 économie faible

 geste intermédiaire

 économie moyenne

 geste difficile

 économie importante

Le geste de Stéphanie Lapointe, artiste

Je suis toujours ravie de voir l'automne arriver et nous geler les joues. Le soleil encore assez chaud mais le vent qui traverse les chandails de laine. La saison des pommes qui repart aussi vite qu'elle est arrivée. J'adore ces moments où, à la fin de la journée, le corps emmitouflé sous un gros pull qui sent encore la boule à mites, on s'assoit pour manger une énorme soupe cuisinée avec une tonne de légumes. On le dit souvent, beaucoup de gens sont trop capricieux avec les légumes ou les fruits qu'ils choisissent de consommer. Une quantité importante de ces aliments sont abandonnés alors qu'ils pourraient être utilisés autrement. En soupes, en sauces à spaghettis, en confitures et conserves… Le temps où le congélateur n'était encore alors qu'un mythe n'est pas si loin. Ironiquement, si les gens avaient eu droit à un tel luxe dans le passé, ils auraient probablement su en tirer un meilleur parti que la plupart d'entre nous. Je propose donc de faire aller notre imagination pour créer des plats nouveaux, en récupérant ce qui pourrait être jeté trop facilement. Qui sait, à force de travail… vous deviendrez peut-être l'auteur du petit frère du célèbre pâté chinois !

L'automne

Le covoiturage

La rentrée de septembre est le moment idéal pour commencer à faire du covoiturage. Les enfants recommencent l'école et on reprend la routine. Pourquoi ne pas en profiter pour changer quelques habitudes, comme celle d'aller au travail seul en voiture? Pourquoi ne pas partager les frais de déplacement avec un voisin qui travaille dans le même quartier? Divers types de covoiturage existent. Avec une seule personne, plusieurs personnes, une semaine sur deux, un mois sur deux, on prend sa voiture, la voiture d'un voisin, on participe aux frais selon son utilisation, etc. Il suffit de trouver le modèle qui convient à sa situation.

Par ailleurs, plusieurs compagnies encouragent leurs employés à adopter ce moyen de transport. Renseignez-vous, votre entreprise propose peut-être un babillard ou un incitatif financier pour les gens qui optent pour le covoiturage. Cela vous permettra d'économiser de l'argent, de relaxer et de socialiser. Saviez-vous que certaines personnes ont rencontré leur futur conjoint grâce au covoiturage? Pourquoi pas vous?

POUR EN SAVOIR PLUS :
• Programme Allégo de l'Agence métropolitaine de transport :
www.allego.amt.qc.ca/covoiturage/
• Transports Québec :
www1.mtq.gouv.qc.ca/fr/covoiturage/index.asp
• CoVoiture, CAA-Québec :
www.caaquebec.com/Automobile/
www.caaquebec.com/covoiture/fr/covoiture_inscription.asp
• Covoiturage Tout Montréal :
www.toutmontreal.com/covoiturage

La voiture communautaire !

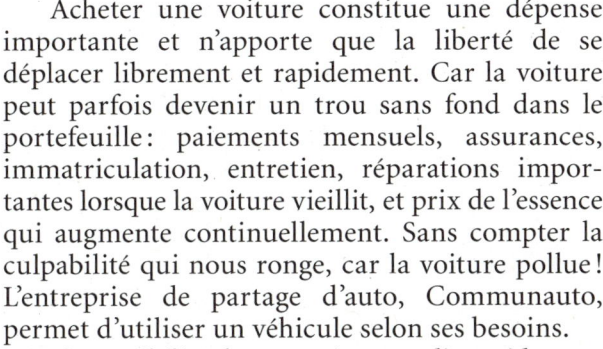
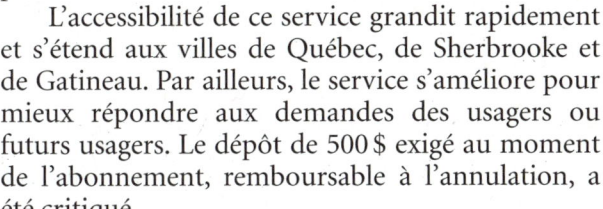

L'automne est bien entamé, les premiers froids arrivent, il est temps de ranger sa bicyclette. On reprend la voiture, pourquoi ne pas penser à l'auto-partage ?

Acheter une voiture constitue une dépense importante et n'apporte que la liberté de se déplacer librement et rapidement. Car la voiture peut parfois devenir un trou sans fond dans le portefeuille : paiements mensuels, assurances, immatriculation, entretien, réparations importantes lorsque la voiture vieillit, et prix de l'essence qui augmente continuellement. Sans compter la culpabilité qui nous ronge, car la voiture pollue ! L'entreprise de partage d'auto, Communauto, permet d'utiliser un véhicule selon ses besoins.

L'accessibilité de ce service grandit rapidement et s'étend aux villes de Québec, de Sherbrooke et de Gatineau. Par ailleurs, le service s'améliore pour mieux répondre aux demandes des usagers ou futurs usagers. Le dépôt de 500 $ exigé au moment de l'abonnement, remboursable à l'annulation, a été critiqué.

Bonne nouvelle. Un nouveau type d'abonnement, *Le Lièvre*, est maintenant offert pour les gens qui n'utiliseront que sporadiquement Communauto. Le dépôt de 500 $ n'est plus exigé pour ce type d'abonnement. Il ne sera offert pour Montréal qu'au début de l'année 2008.

On estime que les gens qui parcourent moins de 20 000 km en voiture par année économiseraient en utilisant Communauto au lieu d'acheter un véhicule[*].

POUR EN SAVOIR PLUS :
• Communauto : www.communauto.com

---

[*] Brousseau-Pouliot, Vincent. « Louer, acheter... ou partager ? », *La Presse*, 26 novembre 2006.

Baisser le son

Quand on pense pollution, on pense à la pollution atmosphérique, à la pollution de l'eau, mais rarement à la pollution sonore, qui peut causer des problèmes de santé, car le bruit engendre stress et problèmes cardiovasculaires. Quel est le rapport avec l'environnement? Tout est lié. D'abord, le bruit est une pollution comme les autres. Il est très souvent associé à la puissance du moteur d'un appareil ou d'un véhicule, et est donc générateur de pollution atmosphérique. Avez-vous déjà remarqué que les appareils les plus bruyants fonctionnent à l'essence? Ils sont donc polluants. Et les conducteurs des véhicules les plus bruyants n'adoptent généralement pas une conduite très écologique, accélérant et freinant brusquement trop souvent.

Voici donc quelques suggestions pour éviter le bruit. Certaines vous feront économiser quelques dollars par la même occasion.

• Conduire un véhicule hybride. Il est silencieux en mode électrique ;

• Éviter d'équiper sa voiture d'un silencieux modifié, ce qui est de toute façon interdit par le Code de la sécurité routière ;

• Utiliser râteau et balai au lieu d'une souffleuse pour se débarrasser des feuilles mortes ;

• Utiliser une tondeuse électrique ou, mieux, mécanique ;

• Placer des écrans acoustiques autour des thermopompes ;

• Penser aux voisins lors de l'installation des climatiseurs de fenêtres. Les éteindre durant la nuit.

• Placer le filtreur de la piscine dans un cabanon. En diminuer l'utilisation grâce à l'installation d'une minuterie.

POUR EN SAVOIR PLUS :
• Le Regroupement québécois contre le bruit : www.rqcb.ca
• Bruit et société, site des étudiants à la maîtrise en audiologie de l'Université de Montréal, réalisé dans le cadre du cours *Bruit et audition* de Tony Leroux : www.bruitsociete.org

Réduire ses déchets

Durant la troisième semaine du mois d'octobre a lieu la Semaine québécoise de réduction des déchets. Chaque année, on tente de passer le même message; on cherche à promouvoir une gestion écologique de nos déchets, qui doit d'abord passer par une réduction du contenu de notre sac vert.

Le Réseau des ressourceries du Québec a été le premier organisateur de l'événement. Le groupe écologique Action RE-buts a pris la relève. Il s'agit d'un organisme qui encourage l'élaboration de nouvelles stratégies, la mise sur pied de plans d'action et le développement de nouveaux processus favorisant une gestion écologique et économique des déchets.

Durant cette semaine, on met l'accent sur l'importance de réduire les déchets et d'en modifier la gestion. Tout ça par le biais de la sensibilisation, de l'élaboration de solutions, mais aussi par des ateliers, des expositions et des défis. L'éco-design et la fabrication d'objets à partir de matières récupérées y sont aussi en vedette.

Participez! Lancez-vous un défi, faites un geste de plus qui réduira vos déchets, prenez conscience que votre sac vert ne fondra pas comme neige au soleil.

> **POUR EN SAVOIR PLUS :**
> • Semaine québécoise de réduction des déchets :
> www.sqrd.org
> • Action RE-buts :
> www.actionrebuts.org

On met la clef dans le portefeuille

Consommation

Ne rien acheter pendant 24 heures, c'est le défi que vous lance la revue canadienne *Adbusters* chaque dernier vendredi ou samedi (en Europe) de novembre, lors de la Journée sans achat.

Lancée en 1992 par *Adbusters*, revue qui milite contre la surconsommation, la Journée sans achat est aujourd'hui célébrée dans plus de 65 pays.

L'objectif: éveiller les consciences. Le fondateur et rédacteur en chef de la revue, Kalle Lasn, pense que la consommation est la source des problèmes environnementaux. «Nous n'avons pas besoin de publicités qui nous disent d'acheter plus. On nous vend du bonheur, mais un bonheur éphémère qu'il faut toujours renouveler. Les gens deviennent fous», souligne-t-il*.

Bien entendu, il n'est pas question ici de se serrer la ceinture durant une journée, puis de dépenser sa prochaine paye le jour suivant. L'objectif est de sensibiliser, de faire le point sur sa propre consommation, de se questionner et de se demander si on n'achète pas un peu trop, un peu trop vite.

Ce n'est pas facile, car les tentations sont nombreuses. Les adeptes de la simplicité volontaire conseillent de se poser quelques questions avant chaque achat. Ai-je vraiment besoin de ce produit? Durant combien de temps vais-je l'utiliser? Des questions simples qui vous permettront de réajuster votre manière de consommer et de faire des économies.

POUR EN SAVOIR PLUS:
• La Journée sans achat (Buy Nothing Day), sur le site de la revue *Abdusters*: www.adbusters.org/bnd
• Le Réseau québécois de la simplicité volontaire: www.simplicitevolontaire.org
• Site Internet de l'organisme Casseurs de pubs: www.casseursdepub.org

* Gladel, Cécile. «Après la Journée sans achat», *La Presse*, 25 novembre 2005.

La deuxième vie des pancartes électorales

Déchets

À chaque campagne électorale, les citoyens s'insurgent de plus en plus contre le nombre élevé de pancartes électorales qui parsèment notre paysage. Il s'agit en effet d'un autre type de pollution : la pollution visuelle. Mais les pancartes électorales peuvent maintenant profiter d'une deuxième vie. En effet, deux choix écologiques s'offrent aux partis politiques : le recyclage des pancartes, ou leur réemploi dans les garderies et les écoles.

Plusieurs organismes récupèrent les pancartes électorales. Les affiches en Coroplast (un type de plastique recyclable fort recherché) sont triées et envoyées au recyclage. Vaste mission, puisqu'on estime à plus d'un million le nombre de pancartes installées au Québec, seulement lors de la dernière campagne électorale municipale. Plusieurs compagnies utilisent, quant à elles, ces pancartes récupérées comme matière première.

Le réemploi des pancartes électorales constitue l'autre solution. En effet, nombre de garderies et d'écoles récupèrent avec plaisir ces pancartes. Que ce soit pour le bricolage, pour fabriquer des décors, refaire de l'affichage ou les utiliser comme matériel de construction, tous les moyens sont bons pour éviter le site d'enfouissement aux pancartes électorales. Mais attention, l'idée est bonne uniquement si les écoles et garderies les recyclent par la suite !

POUR EN SAVOIR PLUS :
• Recyc-Québec offre une liste des récupérateurs de pancartes électorales :
www.recyc-quebec.gouv.qc.ca

Vive le verre

La plupart des contenants étaient autrefois fabriqués en verre. Avec les années, le plastique a pris la part du lion. La grande majorité des contenants, bouteilles, pots, etc., sont faits de plastique. Une matière, comme je l'ai déjà dit, qui nécessite de l'énergie (pétrole) lors de sa fabrication, qui ne se recycle pas facilement étant donné la variété de plastiques (voir annexes) et qui se dégrade au fil des différents recyclages ou utilisations.

La solution? En utiliser moins et privilégier l'achat de contenants en verre, recyclable à l'infini. Il n'est pas facile de privilégier ce type de contenants, puisqu'une majorité de produits sont offerts dans ceux qui sont en plastique. Cependant, certaines compagnies, comme Pinehedge Farms de Saint-Eugene en Ontario, gérée par la famille Heinzle, offrent leurs yaourt et kefir biologiques dans des pots en verre consignés. Lors de l'achat, on paye 1 $ pour le pot. L'argent nous est rendu lorsqu'on le rapporte à n'importe quel point de vente où ces produits sont disponibles. Même chose pour la compagnie de Gilles La Haye de Saint-Augustin-de-Desmaures, qui est revenue aux bouteilles de lait et de crème en verre. La consigne est de 2 $ dans ce cas. Si ces compagnies réussissent à faire fonctionner ce système, pourquoi ne pas l'étendre à plus grande échelle, pour les bouteilles de vin, par exemple? Pourquoi ne pas les réutiliser?

POUR EN SAVOIR PLUS :
• Glassworks Recycling – Recy-Verre recyclage :
www.glassworks.org
• Pinehedge Farms :
1-800-668-4427
www.pinehedge.com (en anglais seulement)
• Gilles La Haye :
418-951-0533

Gérer écologiquement ses feuilles mortes

Vous ne voyez plus le vert de votre pelouse ou les dalles de votre patio tellement la couche de feuilles est épaisse. Et vous ne voulez pas les envoyer à l'enfouissement puisque, comme le disent les experts écologistes, elles se transforment en une bouillie, le lixiviat, très contaminante pour l'environnement.

Voici quelques trucs qui vous faciliteront la vie et qui, de plus, vous éviteront d'acheter de l'engrais ou du paillis.

Vous pouvez composter les feuilles mortes pour les utiliser comme matière sèche. En outre, elles peuvent servir de paillis, pour protéger vos plantations durant l'hiver, et d'engrais. L'autre solution : passer la tondeuse sur votre pelouse couverte de feuilles. Vous broierez ainsi celles-ci et en ferez un engrais naturel.

Enfin, si aucune de ces solutions ne vous convient, vérifiez l'horaire de la cueillette des feuilles mortes de votre municipalité ; la plupart en organisent. Il suffit de placer les feuilles devant chez vous, dans des sacs transparents.

POUR EN SAVOIR PLUS :
• Pour communiquer avec votre municipalité : www.umq.qc.ca

Faire réparer

Quelle est votre première réaction lorsqu'un objet se casse ou qu'un appareil ne fonctionne plus ? Souvent, on pense à la poubelle. Il faut dire que les produits ne sont plus d'aussi bonne qualité qu'autrefois. Ils coûtent moins cher, donc on en achète beaucoup. Les magasins à un dollar n'incarnent-ils pas cette réalité ? On pense faire une bonne affaire, mais l'objet acquis ne fonctionne plus au bout de quelques années, quand ce n'est pas de quelques mois. Il faut alors racheter, puis racheter encore. Pas très écologique.

La première solution est d'être un consommateur averti, d'acheter peu d'objets, mais de rechercher la qualité. Mais si votre théière favorite se brise*, Mr Fix-It, une entreprise familiale de Montréal qui répare « tout sauf les cœurs brisés » (tel qu'indiqué sur l'enseigne du magasin) la ressuscitera.

En plus de réparer la vaisselle de porcelaine de votre grand-mère, le propriétaire répare le cristal, les horloges, les antiquités, les lampes et les plafonniers. Mr Fix-It répare également les appareils électroniques.

Il existe sûrement des magasins du même genre dans d'autres régions du Québec. Si vous avez de bonnes adresses à me transmettre, n'hésitez pas, je les annoncerai sur mon blogue !

POUR EN SAVOIR PLUS :
• Mr Fix-It
514-484-8332, 1-800-613-1202
www.themrfixit.com/fr
• Création d'emploi :
www.csrs.qc.ca/accueil/index.php

* *Cause toujours*, le blogue de Josée Blanchette, www.chatelaine.qc.ca (14 juillet 2007).

Voyagez en train

Prendre le train est assez courant en Europe. Ici, en Amérique du Nord, l'automobile, l'autobus et l'avion sont privilégiés, même pour des trajets de moins de 500 km. D'ailleurs, lors de son unique voyage au Canada, mon père, qui vivait en France, s'était questionné sur cet état de fait. Il ne comprenait pas cette sous-utilisation du train par rapport à l'autobus, par exemple. Surtout en hiver.

Pourtant, il est écologiquement et économiquement plus avantageux de prendre le train. Outre le fait que ce mode de transport émet beaucoup moins de gaz à effet de serre que les autres (alimentation électrique au lieu de combustion du pétrole), il est agréable. Dans un train, on peut se déplacer, marcher, téléphoner, travailler sur son ordinateur (l'accès à Internet y est de plus de plus facile). Pouvez-vous faire tout ceci en voiture, en autobus ou en avion ? Pas vraiment.

Par ailleurs, le train évite les longues attentes à l'aéroport et vous amène directement au centre-ville, contrairement à l'avion, puisque les aéroports sont souvent situés en périphérie des centres urbains.

Pensez-y donc avant de réserver votre prochain billet d'avion. Allez faire un tour sur le site de VIA Rail pour vérifier les tarifs et les horaires. En réservant cinq jours à l'avance, vous ferez des économies.

POUR EN SAVOIR PLUS :
• VIA Rail :
1-888-842-7245
www.viarail.ca
• Centre québécois sur les changements climatiques :
www.changementsclimatiques.qc.ca

Le retour du chiffon

L'évolution du monde moderne, avec la mode du jetable, a introduit dans nos vies plusieurs nouveautés largement utilisées. L'une d'entre elles est l'essuie-tout, un papier absorbant que l'on jette après usage. Pourtant, nos parents s'en tiraient fort bien avec des chiffons lavables en tissu. Pourquoi avoir changé? Par esprit de modernité. Sauf que l'utilisation de l'essuie-tout est problématique. En plus d'utiliser des arbres pour sa fabrication, l'essuie-tout crée un déchet, puisqu'on le jette à la poubelle.

Pourquoi ne pas utiliser de vieux draps, serviettes ou torchons troués ou usés comme chiffons réutilisables? Il serait préférable de limiter son utilisation de l'essuie-tout. Si vous ne pouvez vous en passer, la compagnie Cascades fabrique des essuie-tout en papier recyclé. Un moindre mal. Malgré cela, on en réduit l'utilisation au strict minimum.

POUR EN SAVOIR PLUS :
• Cascades :
www.cascades.ca
• Guide des produits en papier de Greenpeace :
http://papiers.greenpeace.ca/

Café écolo

Quel est la première chose qu'une majorité d'entre vous fait le matin, au lever, particulièrement durant les journées frisquettes ou grisâtres de l'automne? Prendre un café. Cette boisson qui illumine nos matins ensommeillés peut nous fournir l'occasion de faire un geste écologique. Tout d'abord, vous pouvez limiter la quantité de déchets produits en utilisant du café en vrac et non en sachets individuels. Faites votre café dans une cafetière italienne ou un Bodum. Si vous utilisez une cafetière filtre, pensez à utiliser un filtre à café permanent au lieu des filtres jetables. Si vous ne le pouvez pas, achetez des filtres en papier recyclable et non blanchi. Vous pouvez aussi les jeter dans votre compost.

Pour finir, achetez du café équitable, vous permettrez aux petits producteurs du Sud de recevoir un juste prix pour leur café.

Déchets

POUR EN SAVOIR PLUS :
• Laure Waridel, *Acheter, c'est voter, le cas du café*, Montréal, Éditions Écosociété, 2005, 19 $.
www.ecosociete.org
• Ensemble pour éliminer la pauvreté dans le monde :
www.ccic.ca/f/archives/fairtrade.shtml

Alerte aux étiquettes

Outre le fait de manger biologique et d'acheter des produits locaux, les gens se demandent souvent comment mieux manger en protégeant l'environnement, et ce, sans se ruiner. L'achat de nourriture doit se faire selon le gros bon sens. Acheter de bons produits n'est pas compliqué. On achète les aliments les plus naturels et les moins transformés possible. Pour s'en assurer, on regarde systématiquement les étiquettes de tous les produits alimentaires.

Des ingrédients que vous ne connaissez pas? Du sucre ajouté un peu partout? Des agents de conservation? De l'huile hydrogénée, source de gras trans? Du glucose, autre mot pour désigner le sucre? On laisse le produit sur la tablette.

La nature nous donne des légumes, des fruits, des céréales, de la viande, des produits laitiers. Pourquoi nourrir notre corps et notre esprit de saveurs artificielles et de produits chimiques?

La transformation d'un produit utilise de l'énergie et génère des déchets (les emballages, entre autres), et augmente également le prix des produits!

Alors, tout comme Daniel Pinard je revendique un retour au bon goût en matière d'alimentation. Faisons honneur à ce que nous donne la terre, tout en la protégeant!

POUR EN SAVOIR PLUS:
• Le site *Mangez* :
www.mangez.ca

L'action au travail

Pour réduire son impact écologique, on peut mettre en place quelques initiatives écolos dans son milieu de travail. Outre le fait d'encourager ses collègues à utiliser leur bicyclette, les transports en commun et le covoiturage.

On commence par la cuisine. Chacun peut utiliser une tasse réutilisable. Pour ne pas tenter les gens, on élimine les gobelets jetables. En plus, dans plusieurs lieux de travail, il y a des lave-vaisselle. Aucune excuse dans ce cas, et pas de conflits autour de la corvée de vaisselle. Sinon, on laisse chacun s'occuper de sa tasse.

Trop souvent, on utilise des contenants individuels de lait, de crème et de sucre pour le café. On devrait plutôt privilégier le vrac, utiliser une cuillère pour remuer son café. Finalement, on évite le café en sachets individuels. On peut suggérer à la personne responsable de la commande du café de s'approvisionner en café équitable. Le Café Rico, à Montréal, livre son café équitable dans plusieurs bureaux.

Un moyen efficace de convaincre son patron d'encourager ces changements est de lui démontrer qu'il économisera de l'argent. Peu résistent à cet argument. Vous calculez le prix des contenants individuels par rapport à celui des contenants en vrac. La différence le fera changer d'avis.

L'important est de ne rien brusquer ni imposer, mais d'expliquer et de prouver. À votre tour!

POUR EN SAVOIR PLUS :
• Le site de CAA : www.caa.ca/eco/
• Le Café Rico :
969, rue Rachel Est, www.caferico.qc.ca

Papier recyclé

Nous utilisons encore une quantité assez importante de papier sous forme de cahiers, blocs-notes et feuilles pour les imprimantes. Même s'il n'est pas offert dans tous les magasins, on trouve de plus en plus de papier recyclé sur le marché. Cependant, les compagnies traditionnelles ne fabriquent pas encore de cahiers en papier recyclé pour les écoliers. Il est d'ailleurs difficile d'en trouver dans le circuit habituel des fournitures scolaires. Dommage. Mais on en trouve dans certains magasins spécialisés comme la Coop la Maison verte.

Il existe plusieurs types de papier recyclé. D'abord, on retrouve le papier fabriqué à partir de retailles de papier neuf. Ce n'est pas le meilleur choix, car c'est du papier récupéré non recyclé. Ensuite, il existe du papier contenant un certain pourcentage de papier recyclé postconsommation, le pourcentage variant de 10 à 100 %.

Le calculateur de l'entreprise Cascades permet de calculer le nombre d'arbres et d'eau économisés lors de la fabrication d'une certaine sorte de papier. La fabrication d'une tonne de papier recyclé 30 % postconsommation économise 5 arbres, 147 kg de déchets solides et 13 906 litres d'eau. Pour comparer, une tonne de papier recyclé 100 % postconsommation a économisé, lors de sa fabrication, 17 arbres, 490 kg de déchets solides et 46 352 litres d'eau. Êtes-vous convaincu ?

POUR EN SAVOIR PLUS :
• Le groupe d'achat de papier recyclé des Éditions de la Plume de feu :
www.laplumedefeu.com/papier.htm
• Les papiers recyclés de Cascades :
www.ecologiquedenature.com/

Éteindre

Combien de fois la télévision, l'ordinateur restent allumés alors qu'on ne les utilise pas ?

Plusieurs petits gestes combinés auxquels on ne pense pas peuvent faire une différence.

Énergie

• Éteignez votre ordinateur si vous ne l'utilisez pas.

• Éteignez la cafetière, qui demeure parfois allumée toute la journée, surtout au travail.

• Les horloges avec écrans digitaux consomment plus d'électricité que les autres, on les évite si possible.

• Veillez à bien éteindre votre téléviseur. Il consomme autant d'énergie en mode veille durant 24 heures qu'en 2 heures d'écoute active.

• Branchez vos appareils sur une multiprise que vous éteindrez le soir venu.

• Limitez le nombre d'appareils branchés qui demeurent en mode veille en permanence. Cela peut totaliser jusqu'à 10 % de votre consommation d'électricité.

> **POUR EN SAVOIR PLUS :**
> • Office de l'efficacité énergétique de Ressources naturelles Canada :
> www.oee.nrcan.gc.ca

La poste ou le coursier ?

Dans nos sociétés où la rapidité prévaut, on désire tout et tout de suite.

Les livraisons rapides sont généralement effectuées par camion, un moyen de transport parmi les plus polluants. Bien souvent, le conducteur laisse tourner son moteur en venant frapper à votre porte. De plus, les trajets sont organisés en fonction de livraisons particulières ; ils sont donc plus longs que ceux qu'empruntent les véhicules de la poste qui, elle, regroupe les envois destinés à un même secteur.

Plusieurs solutions de rechange sont envisageables. Dans le cas de documents, on peut prévoir le coup et les expédier par la poste. Ils seront livrés par un facteur qui se déplace à pied. Moyen de transport des plus écologiques. Au Québec, cela prend généralement deux jours ouvrables.

Au travail, il est parfois nécessaire d'obtenir rapidement un document impossible à envoyer par Internet. Au lieu de privilégier la livraison par camion ou voiture, on tente de faire affaire avec un coursier à vélo, si la distance n'est pas trop grande.

POUR EN SAVOIR PLUS :
• La Société canadienne des postes :
www.postescanada.ca

Les emballages multiples

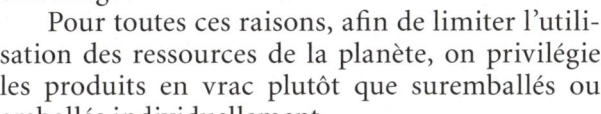

L'une des folies de notre siècle est d'emballer. On emballe tout, et souvent dans des emballages multiples. Les Canadiens consomment annuellement 5 millions de tonnes de tous les matériaux qui composent les emballages. N'avez-vous jamais acheté des biscuits emballés individuellement à l'intérieur d'un autre emballage, un tube de dentifrice emballé dans un contenant en carton, etc.? Quand on y pense, à quoi sert tout cet emballage?

Pour toutes ces raisons, afin de limiter l'utilisation des ressources de la planète, on privilégie les produits en vrac plutôt que suremballés ou emballés individuellement.

Dans le même ordre d'idées, j'évite, lorsque c'est possible, les produits qui sont emballés dans du styromousse (non recyclable au Québec et non biodégradable).

Par ailleurs, si certaines personnes récupèrent les contenants en styromousse et les rapportent aux commerçants, ce n'est pas une solution. En effet, plusieurs refusent de les reprendre, car c'est interdit par la Loi sur les produits alimentaires[*].

Pour cette raison, l'une des solutions est de déballer les produits à la caisse et de laisser le contenant en styromousse à la caissière. Vous créez un embouteillage? Tant pis. Cela encouragera le commerçant à ne plus utiliser de styromousse. N'hésitez pas à demander à parler au gérant ou au propriétaire pour lui faire part de votre désaccord, et ce, toujours poliment, bien entendu.

POUR EN SAVOIR PLUS :
- Éco Entreprises Québec : www.ecoentreprises.qc.ca/francais/accueil.html
- Informations sur l'emballage : http://fr.ekopedia.org/Emballage
- Eco-Emballages, site français : www.ecoemballages.fr

[*] Publications Québec. Règlement sur les aliments, Loi sur les produits alimentaires (L.R.Q., c. P-29, a. 40) SECTION 3.2 – RÉCIPIENTS ET EMBALLAGES, www.publicationsduquebec.gouv.qc.ca, section Lois et Règlements.

Un don qui rapporte

Vous avez un ordinateur, une imprimante, un appareil de bureau qui fonctionnent encore, mais qui ne sont plus assez puissants pour vos besoins? L'appareil est en bon état, mais une des composantes ne fonctionne plus? Ou encore, vous avez craqué pour un ordinateur dernier cri?

Pourquoi ne pas donner l'appareil à un organisme de charité? Micro-Recyc-Coopération récupère les ordinateurs et autres appareils (moniteurs et imprimantes) pour les remettre en bon état, puis les envoie dans les pays du tiers-monde.

Il faut apporter vos appareils sur place et faire un don entre 10 et 40 $. D'où vient alors l'économie? Du reçu pour fins d'impôt qui sera émis selon la valeur de votre don, calculée par un logiciel.

Par exemple, si vous donnez un ordinateur dont la valeur est estimée à 100 $ et que vous faites un don de 10 $, on émet un reçu pour fins d'impôt au montant de 110 $. Ceci vous permettra d'obtenir de 40 à 53 $ en crédit d'impôt.

Les entreprises peuvent aussi faire des dons à cet organisme et recevoir un reçu pour fins d'impôt. Il faut seulement organiser le transport du matériel que vous donnez.

POUR EN SAVOIR PLUS:
• Micro-Recyc-Coopération:
www.microrecyccoop.org

Échange de vêtements d'enfants

La mode pour enfants est en pleine expansion. Ce n'est guère étonnant, puisqu'on est parfois prêt à dépenser beaucoup pour habiller nos bambins.

Et pourtant, n'est-ce pas du gaspillage? Les enfants grandissent vite. On se retrouve souvent avec beaucoup de vêtements en bon état, qui n'ont presque pas été portés et qui encombrent les placards.

De nombreux parents utilisent déjà le système d'échange de vêtements. En particulier pour les bébés âgés de moins de un an. Puisque ces derniers usent très peu leurs vêtements, vous pouvez facilement les emprunter à des amis ou les acheter dans les magasins d'articles usagés pour bébé. Il en est de même pour les accessoires; ils se transmettent souvent de famille en famille.

POUR EN SAVOIR PLUS :
• Maman pour la vie (Forum avec lieu d'échange)
www.mamanpourlavie.com

Attention au nettoyage à sec

Le perchloroéthylène (PERC ou PCE), le solvant généralement utilisé lors du nettoyage à sec de vos vêtements, est très polluant. Le PERC est un produit chimique aussi connu sous le nom de tétrachloréthylène. Il s'agit d'un des contaminants atmosphériques et d'eaux souterraines les plus répandus en Amérique du Nord. Il est souvent présent dans les eaux souterraines en raison de son élimination inadéquate ou de son rejet par des installations de nettoyage à sec ou de sites d'enfouissement[*].

Certains nettoyeurs à sec adoptent déjà des solutions plus écologiques, comme le nettoyage à l'eau avec des produits à base de citron. Mais ce n'est pas le cas de la majorité. Les nettoyeurs sont cependant obligés de traiter adéquatement ce produit. Malgré cela, il se retrouve quand même sur vos vêtements.

Et que dire de la santé des personnes qui travaillent dans ces entreprises. D'ailleurs, les femmes enceintes ne sont pas autorisées à y travailler.

Le Nettoyeur écologique Vincent Plus de Terrebonne a reçu le prix Phénix de l'environnement en 2005 dans la catégorie « Protection, restauration ou mise en valeur de l'environnement dans une perspective de développement durable ».

POUR EN SAVOIR PLUS :
• Environnement Canada – Règlement sur le tétrachloréthylène :
www.ec.gc.ca/RegistreLCPE/regulations/detailReg.cfm?intReg=61
• Santé Canada – Tétrachloroéthylène :
www.hc-sc.gc.ca/ewh-semt/pubs/contaminants/psl1-lsp1/tetrachloroethylene/tetrachloroethylene_synopsis_f.html
• Elite, un nettoyeur écologique de l'Ouest canadien :
www.greendrycleaner.com (en anglais)
• Nettoyeur écologique Vincent Plus :
450-961-9819 à Terrebonne

[*] Environnement Canada et Santé Canada ont mené une étude d'évaluation du PERC et ont conclu que cette substance pouvait être néfaste pour l'environnement (notamment pour les plantes terrestres). En 2000, le PERC a été déclaré substance toxique en vertu de la Loi canadienne sur la protection de l'environnement (1999), et un règlement régissant son utilisation par les entreprises de nettoyage à sec a été adopté en 2003.

Des CD et DVD qui polluent

De nos jours, tout document électronique et musical se transporte sur CD, les films et documents plus lourds sur DVD. Un petit disque tout simple, mais qui génère des tonnes de déchets lorsqu'on constate la quantité consommée chaque année. En effet, les achats de supports vierges d'enregistrement (CD, DVD et bandes) ont affiché une hausse de 75 %, pour se situer à 20 $ par ménage, annuellement*.

Parfois, il est impossible de réutiliser ces CD et DVD pour y enregistrer de l'information. Pour éviter ce gaspillage, on choisit des supports réinscriptibles. On évitera ainsi de jeter un CD ou DVD de plus.

---

* Statistique Canada, *Enquête sur les dépenses des ménages canadiens de 2004*. Référence catalogue, 62F0026MIF2005007, numéro 7, 12 décembre 2005.

Adieu électricité statique

Avec l'invention des sécheuses à linge électriques, les feuilles assouplissantes qui débarrassent les vêtements de l'électricité statique sont nées. Outre le fait qu'il s'agit d'un produit qui peut être allergène, ces feuilles génèrent des déchets, puisqu'on n'a d'autre choix que de les jeter après usage. Il faut aussi penser à l'énergie nécessaire pour les fabriquer. Pourquoi ne pas en bannir l'utilisation? Un truc existe pour enlever l'électricité statique: il suffit d'ajouter un quart de tasse de bicarbonate de soude à votre détergent à lessive (naturel et biodégradable, bien sûr)*.

On peut aussi utiliser de l'assouplissant biodégradable et naturel, comme celui des Nettoyants Lemieux. De toute manière, vous n'aurez pas besoin de feuilles assouplissantes si vous faites sécher vos vêtements sur la corde à linge. Et sachez qu'en étendant votre linge par un jour de grand vent, ce dernier fera aussi office de défroissant. Pratique, les éléments naturels!

POUR EN SAVOIR PLUS:
• Nettoyants Lemieux:
www.nettoyants-lemieux.com

* Robitaille, Louise. *L'ABC des trucs de cuisine de Madame Chasse-Taches*, Montréal, Publistar, 2006, 272 pages.

La qualité au lieu de la quantité

Ce geste n'est pas évident, car il est difficile de résister à la tentation d'avoir une armoire bien garnie. Quand on déambule dans les magasins et que l'on voit des milliers de vêtements offerts à des prix défiant toute concurrence, l'envie est très forte d'ouvrir notre porte-monnaie. Résistez. Pensez à l'énergie utilisée pour les fabriquer et pour les transporter dans notre pays.

Pensez aux travailleurs sous-payés qui ont sué sang et eau pour fabriquer ces vêtements. Pensez au coton non biologique avec lequel nombre d'entre eux sont fabriqués. Pensez aux pesticides et à l'eau utilisés pour faire pousser ce coton, aux produits chimiques pour le blanchir ou pour le teindre.

Vous pouvez cependant acheter des vêtements de bonne qualité qui dureront longtemps et qui sont confectionnés au Québec. Bien entendu, tous les producteurs n'utilisent pas des tissus plus écolos. À vous de vous informer et de faire la part des choses. L'important est d'y penser, pas d'être parfait en permanence!

POUR EN SAVOIR PLUS :
• La Coalition québécoise contre les ateliers de misère : www.ciso.qc.ca/ateliersdemisere/

Non au plastique

Le plastique est partout dans nos vies. On en consomme des quantités phénoménales chaque jour. Souvent, on utilise une pellicule plastique pour recouvrir les aliments afin de les conserver. Bien entendu, cette pellicule n'est pas recyclable une fois utilisée. Même s'il est parfois impossible de faire autrement, plusieurs solutions de rechange s'offrent à vous.

Au lieu d'emballer ses aliments dans du plastique, plaçons-les dans des contenants réutilisables, les fameux contenants Tupperware, par exemple. Certes, c'est aussi du plastique, mais ces articles sont conçus pour la réutilisation. Il suffit de les laver.

On peut garder les emballages en plastique non recyclable des sushis pour conserver les aliments. Une brique de fromage cheddar ou mozzarella ou encore des charcuteries s'y conservent très bien. On fait d'une pierre deux coups. D'un côté, on évite l'utilisation de la pellicule plastique, et de l'autre, on récupère un contenant qui n'est pas recyclable ici au Québec (le fameux numéro 6 ; voir annexe sur les différents types de plastique). On peut aussi utiliser des contenants de verre.

Il faut cependant faire attention : les contenants de plastique commerciaux récupérés ne vont pas au micro-ondes ; on doit réchauffer les aliments dans une assiette.

Il serait évidemment préférable d'éliminer entièrement le plastique, mais ça, c'est une autre histoire.

POUR EN SAVOIR PLUS :
• Vivre sans plastique :
www.vivresansplastique.com

Au diable le broyeur à déchets !

La mode tend à disparaître, mais de nombreux ménages sont encore équipés d'un broyeur à déchets. Il est devenu populaire parce qu'il représentait, à l'époque, la solution idéale pour diminuer les déchets organiques. Il est maintenant conseillé de s'en débarrasser. Cet appareil bruyant consomme de l'électricité et de l'eau en grandes quantités. Rien de très bon pour votre facture mensuelle.

D'ailleurs, dans certaines villes d'Europe, comme à Liège, en Belgique, les broyeurs sont interdits, car ces appareils polluent l'eau*.

En outre, si l'appareil réduit en bouillie les déchets organiques, il ne les fait pas disparaître. Bien au contraire, le broyeur envoie des déchets dans les stations d'épuration, qui doivent ensuite les traiter. On augmente ainsi le coût du traitement des eaux usées. C'est pour cette raison que les municipalités n'encouragent pas l'utilisation de cet appareil. D'ailleurs, on conseille aux gens de ne jamais rien jeter dans les toilettes ni dans les éviers. Tout cela pour éviter de surcharger le réseau d'égout et l'usine d'épuration.

Alors, dites adieu à votre broyeur en l'apportant dans un éco-centre. La solution idéale est de se mettre au compostage, comme je l'explique dans le projet du mois de mai (page 22). Si ce n'est pas possible, les déchets doivent aller à la poubelle.

POUR EN SAVOIR PLUS :
• Les broyeurs à déchets et les fosses septiques :
www.fapel.org/frsepti43.htm
• Ministère de l'Agriculture, de l'Alimentation et des Affaires rurales de l'Ontario – Fiche technique sur le traitement des eaux usées de la maison :
www.omafra.gov.on.ca/french/environment/efp/infosheet_7.htm

* Ville de Liège, Décret du 7 octobre 1985 relatif à la protection des eaux de surface contre la pollution : www.liege.be.

On époussette

Énergie

Parfois, il suffit de gestes très simples pour réaliser quelques économies. L'époussetage en est un. Si ce n'est pas une tâche agréable pour tout le monde, elle permet d'engendrer quelques économies d'énergie en améliorant l'efficacité des appareils nettoyés. On passe donc l'aspirateur ou un plumeau régulièrement derrière le réfrigérateur et la cuisinière pour déloger la poussière accumulée. Il en est de même pour l'unité centrale de l'ordinateur; cela permet d'éviter une surchauffe. On enlève également la poussière sur les ampoules pour en améliorer l'efficacité.

POUR EN SAVOIR PLUS:
• Équiterre:
www.equiterre.qc.ca

De bonnes odeurs naturelles

L'obsession de la propreté et des bonnes odeurs a engendré une prolifération de produits désodorisants sur le marché. Diffuseurs de fragrance électriques ou non, aérosols en tous genres garnissent les étalages des magasins. Mais est-ce bien nécessaire ? Pas du tout.

D'autant plus que la plupart de ces produits sont riches en substances chimiques et composés organiques volatils (COV). Fabriqués à partir de produits pétroliers, ces « sent-bon » contiennent des parfums synthétiques potentiellement cancérigènes. Il est aussi déconseillé d'utiliser les boules à mites. Elles contiennent de la naphtaline, un produit qui est cancérigène et qui altère les tissus.

Par ailleurs, pour engendrer une bonne odeur, on peut utiliser des produits naturels comme les huiles essentielles, les fleurs de lavande, les copeaux de cèdre et le bicarbonate de soude. Un petit truc : placez des pelures d'orange ou de citron sur une surface chaude (grille du four ou ronds de la cuisinière éteints, mais encore chauds). La chaleur permet à l'odeur d'essence d'agrumes de se répandre dans l'atmosphère. Agréable et gratuit !

POUR EN SAVOIR PLUS :
• Guide d'assainissement de l'air de la SCHL :
1-800-668-2642
www.cmhc-schl.gc.ca
• Réseau Eco-consommation :
www.ecoconso.be

Le geste de Marco Calliari, artiste

Lorsque les artistes partent en tournée, les bacs de recyclage ne sont pas toujours au bord de la route. Pour éviter de jeter des matières recyclables, j'ai deux sacs dans mon camion de tournée : un pour la poubelle, un autre pour le recyclage. Simple et facile. Tout le monde peut le faire, les artistes mais aussi les citoyens qui partent en vacances.

L'hiver

Noël sans achat

Depuis quelques années, la philosophie de la Journée sans achat s'étend aux fêtes de fin d'année. Pourquoi la période de Noël serait-elle exclusivement consacrée aux achats? Pourquoi ne pas célébrer Noël différemment, sans s'endetter et sans se stresser en parcourant des centres commerciaux bondés?

L'objectif n'est pas de bannir les cadeaux, car ils contribuent aux relations humaines. Mais ce besoin de donner est surexploité. Il faut redéfinir l'échange, en offrant des objets qui nous appartiennent, en donnant du temps, des cadeaux que l'on fabrique, etc.

On peut donc se demander en famille ce que l'on souhaite vivre à Noël, puis établir ses priorités. Voici quelques suggestions:

• Télécharger le certificat-cadeau d'*Adbusters*, qui permet d'offrir une soirée entre amis, dix jours de vaisselle, une journée de gardiennage, etc.

• Organiser des célébrations différentes: un repas spécial où tout le monde participe, des activités de plein air, une soirée surprise avec les enfants.

• Planifier une journée complète pour fabriquer des cadeaux en famille.

• Offrir un certificat d'exemption de cadeaux, disponible sur le site Internet de l'Union des consommateurs: www.consommateur.qc.ca/union.

• Parcourir les dizaines de suggestions pour passer un Noël sans achat sur le site Internet d'*Adbusters*: www.adbusters.org/metas/eco/bnd/bnd_xmas/

• Limiter le nombre et le coût des présents. Limiter le nombre de jouets neufs qu'on achète aux enfants.

• Éviter les jouets trop emballés, moins solides, qui requièrent des piles.

POUR EN SAVOIR PLUS:
• Réseau québécois pour la simplicité volontaire: www.simplicitevolontaire.org
• Noël sans achat (en anglais seulement): www.buynothingchristmas.org

Quel sapin ?

Noël arrive à grands pas, les enfants veulent décorer le sapin de Noël. Mais quel est le choix le plus écologique ? Plusieurs idées différentes s'affrontent. Certains utilisent un sapin artificiel depuis plus de 20 ans et clament qu'il s'agit de la meilleure solution. Ils n'ont pas tort. Mais ce type de sapin devient le pire s'il est de mauvaise qualité et si vous ne le gardez que deux ou trois ans. Ces sapins sont faits de plastique, un dérivé du pétrole, et viennent d'Asie.

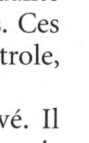

On choisit donc un sapin naturel cultivé. Il n'existe pas encore de sapins biologiques, mais les producteurs utilisent moins de pesticides. Ces sapins sont cultivés sur des terres arables qui, autrement, ne seraient pas utilisées.

La solution du sapin naturel non cultivé (connu sous le nom de « sauvageon ») est à éviter, car c'est soustraire un arbre à la nature et perturber la niche écologique, et l'amende risque d'être salée si on se fait prendre dans une forêt privée !

Il existe d'autres choix écologiques. On choisit un sapin d'intérieur permanent, ou alors un sapin cultivé qu'on décore pour Noël. Une plante d'intérieur, comme un petit conifère, peut très bien remplacer un sapin. Un sapin fabriqué en matériel récupéré peut représenter une solution originale et peu coûteuse.

Finalement, on peut choisir un sapin en pot que l'on transplante à l'extérieur au printemps si on possède un grand terrain. On peut aussi le donner aux écoles, aux endroits qui ont besoin de reverdissement.

POUR EN SAVOIR PLUS :
- Plantation R.E. Enos, sapins pour la transplantation : www.enos-trees.com
- Forest Stewardship Council (FSC) Canada : www.fsccanada.org
- Association des producteurs de sapins de Noël du Québec : www.apanq.qc.ca
- Association canadienne des sapins de Noël : www.christmastree.net

Des vœux électroniques ?

L'arrivée de la nouvelle année signifie généralement échange de vœux. Les gens envoient des cartes de souhaits à la famille, aux amis et aux collègues de travail. De plus en plus de gens expédient leurs vœux par courriel. Même si certains trouvent la méthode un peu trop impersonnelle, elle permet d'économiser l'achat de cartes, d'enveloppes et de timbres. On réduit aussi sa consommation de papier ! D'ailleurs, que font les gens avec les cartes ? Ils les recyclent ou, pire, les jettent à la poubelle…

Faire parvenir ses vœux par courriel peut très bien se faire de façon personnalisée. Il suffit d'utiliser un mot et une image différents pour chacun. On peut créer sa propre carte de Noël avec des photos de sa famille, etc. Votre imagination sera votre limite !

Une carte électronique personnalisée n'est-elle pas plus agréable qu'une carte reçue par la poste avec une simple signature ?

Si vous tenez vraiment à perpétuer la tradition des cartes de vœux papier transmises par la poste, pourquoi alors ne pas choisir des cartes imprimées sur papier recyclé ? Ce sera un moindre mal. Mon vœu à moi ? Qu'on achète moins, que les lois soient plus sévères envers les pollueurs, et que des incitatifs soient accessibles pour encourager tout un chacun à être plus écolo.

POUR EN SAVOIR PLUS :
- Les cartes de l'Unicef : www.unicef.ca
- Envoyez des cartes de vœux virtuelles réalisées par des artistes du Québec :
http://snap.crimultimedia.ca/cartenoel.php
- Pour vous procurer des cartes de vœux en chanvre :
1-888-822-2848, www.goforgreen.ca

On éteint!

Si on utilise une cuisinière électrique, il est recommandé d'éteindre la plaque chauffante cinq minutes avant la fin de la cuisson. On profite ainsi de la chaleur résiduelle tout en réduisant sa consommation d'électricité, donc on économise plusieurs dollars.

Pour améliorer le tout, on place un couvercle sur toutes les casseroles lorsque l'on cuisine. La chaleur plus concentrée permettra à l'aliment de cuire ou à l'eau de bouillir plus rapidement. Cela donne de 20 à 30 % d'économie d'énergie. Non négligeable.

Voici quelques autres petits conseils pour réduire votre consommation d'énergie :

• Faites cuire plus d'un repas à la fois, puis réfrigérez ou congelez les surplus ; réchauffer des aliments demande moins d'énergie que de les cuire.

• Utilisez le micro-ondes pour réchauffer des aliments ou cuire de petites portions, car il consomme moins d'énergie que la cuisinière.

• Utilisez de petits électroménagers lorsque c'est possible. Les bouilloires et les fours grille-pain, par exemple, consomment aussi moins d'énergie que la cuisinière.

> **POUR EN SAVOIR PLUS :**
> • ÉnerGuide, élaboré par le ministère des Ressources naturelles du Canada. Pour connaître l'efficacité énergétique des appareils que vous achetez, vérifiez toujours l'étiquette ÉnerGuide :
> http://oee.nrcan.gc.ca/energuide

Une gestion saine du chauffage et de sa facture!

L'hiver est dur pour notre portefeuille, plusieurs trucs faciles peuvent engendrer de grosses économies.

On conseille d'utiliser la programmation lorsque votre horaire est fixe. Si vous rentrez du travail à 17 heures, vous pouvez programmer la reprise du chauffage à 16 h 30. Une telle programmation vous évitera de laisser votre logis à la même température toute la journée, ce qui augmente inévitablement votre facture de chauffage.

Il a été démontré que l'utilisation de thermostats électroniques permettait d'économiser, car ils sont beaucoup plus précis et ne déclenchent l'appareil de chauffage que lorsque c'est nécessaire. L'achat de ces thermostats est subventionné en partie par Hydro-Québec. Les propriétaires de condo ou de maison peuvent obtenir une remise allant jusqu'à 65 $ pour l'achat de sept thermostats maximum. Les propriétaires d'appartements de location peuvent, quant à eux, obtenir une remise de 90 $ pour cinq thermostats, puis 20 $ pour chaque thermostat supplémentaire. Un bon incitatif qui peut vous faire épargner gros!

Facture moins élevée

Il suffit de baisser le chauffage de deux degrés dans la chambre et de dormir à une température ambiante de 18 degrés Celsius, et même de 16 degrés Celsius pour les moins frileux. Une bonne douillette vous tiendra au chaud.

Vous pouvez aussi diminuer la température d'un petit degré dans les autres pièces de la maison. Le chauffage représente en moyenne 60 % de la facture d'électricité totale. Pour chaque degré supplémentaire au-dessus de 20 degrés Celsius, vous consommez de 2 à 5 % de plus en énergie de chauffage*. Comparativement, une baisse de 1 degré Celsius sur une période de 24 heures peut vous faire économiser jusqu'à 5 % des frais de chauffage.

Pour optimiser le chauffage, on peut aussi utiliser les ventilateurs de plafond en les faisant fonctionner dans le sens inverse. La chaleur qui monte sera alors redirigée vers le plancher.

POUR EN SAVOIR PLUS :
• Équiterre :
514-522-2000, www.equiterre.qc.ca/energie
• Agence de l'efficacité énergétique du Québec :
1-877-727-6655
• Hydro-Québec :
www.hydroquebec.com/residentiel/thermostats/

---

* Équiterre – Quelques conseils en efficacité énergétique : www.equiterre.org/energie/trucs/index.php?s=chauffage.

La joujouthèque

Si l'automne bat son plein, l'hiver et la période du temps des fêtes se rapprochent. Pour éviter la frénésie de Noël, pourquoi ne pas emprunter des jouets maintenant. Cela pourrait aussi vous donner des idées pour les cadeaux en vérifiant les jouets que préfèrent les enfants.

Il existe des commerces où l'on peut louer des DVD, mais aussi des endroits où il est possible d'emprunter des jouets pour les enfants : les joujouthèques. Étant donné que ces derniers se lassent rapidement de leurs jouets, il est bien de les emprunter au lieu de les acheter. En plus, les économies réalisées sont importantes. On trouve une joujouthèque dans la plupart des municipalités ; vérifiez auprès de vos services municipaux.

On peut procéder de la même manière pour les jeux vidéo : les louer au lieu de les acheter. Outre le fait qu'on contribue à réduire leur fabrication, on réduit également la quantité qui sera ensuite dirigée vers les sites d'enfouissement.

On peut aussi acheter des jouets et des jeux vidéo usagés.

POUR EN SAVOIR PLUS :
• Réno-Jouets, un organisme à but non lucratif de la région de Québec qui favorise la récupération de jouets usagés :
www.reno-jouets.ca
• Le monde de Renée, une entreprise qui fabrique des poupées conçues avec des matériaux recyclés, et qui contiennent un message environnemental pour les enfants :
www.lemondederenee.com

Jouets écolos

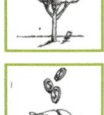

Il est tellement facile de succomber aux demandes pressantes des enfants pour de nombreux achats. Ils sont la cible des publicitaires, qui font la promotion d'une quantité phénoménale de jouets. Les jouets commerciaux font bien souvent partie de la magie de Noël. Les enfants déballent, s'exclament… puis laissent de côté la plupart de leurs nouveaux jouets pour s'amuser avec les emballages et le papier. Frustrant ? Oui, mais cela peut être une leçon pour les parents. Pourquoi ne pas acheter moins de jouets et laisser les enfants développer leur imagination en utilisant du matériel que l'on trouve tous les jours à la maison ?

Au lieu d'acheter de nouveaux jouets pour les enfants, utilisez les revues, les rouleaux de papier hygiénique ou tout autre objet pour faire travailler leur imagination.

Les enfants aiment la pâte à modeler, les casseroles pour faire du bruit et jouer à faire la cuisine, etc. Au lieu de dépenser des milliers de dollars en jouets qui s'entasseront dans vos placards, pourquoi ne pas faire preuve de créativité en préconisant le bricolage, par exemple ?

POUR EN SAVOIR PLUS :
• Magazine Web PetitMonde :
www.petitmonde.com
• Une bibliographie sur le jardinage pour enfants :
www2.ville.montreal.qc.ca/jardin/jeunes/
recherches/bibliographie1.htm

Adieu couverts jetables!

Les fêtes sont l'occasion de recevoir famille et amis, éliminons les couverts, ustensiles et serviettes jetables. Pourquoi utiliser ces produits que l'on jette après usage?

Les serviettes jetables en papier peuvent être remplacées par des serviettes en tissu. On les met à la machine avec la nappe et les autres serviettes de toilette et torchons de la cuisine. De belles serviettes de couleur agrémentent fort bien une table.

Cela vaut aussi pour le camping, pendant l'été. À la maison, on utilise habituellement la vaisselle et les ustensiles réutilisables. Pour le camping, il existe maintenant des ustensiles et couverts en plastique ou en inox, que l'on peut laver et réutiliser.

Avec tout ça, vous économisez. Au lieu de racheter ces objets pour chaque occasion, vous les achetez une seule fois. La dépense d'énergie pour les laver est minime (si vous ne faites pas une brassée seulement pour quelques serviettes). Et puis, pensez aux arbres, au plastique, aux ressources économisées…

POUR EN SAVOIR PLUS :
Si vous n'avez vraiment, mais vraiment pas le choix, il existe des accessoires biodégradables ou en papier recyclé.
• Nova Envirocom :
www.novaenvirocom.ca
• Les produits Bioxo de Cascades :
www.cascades.com
• Guide d'achat sur les papiers jetables de Greenpeace :
http://papiers.greenpeace.ca/
Pour acheter de jolies serviettes de table en tissu récupéré :
Les mains rêveuses :
www.mainsreveuses.com

Comment faire la vaisselle ?

On a banni les couverts jetables, il reste donc la vaisselle à faire ! Chiffrer la consommation d'eau de vaisselle n'est pas aisé. Plusieurs théories se contredisent lorsqu'il s'agit de choisir le moyen le plus écologique de faire la vaisselle. Vaisselle à la main ou lave-vaisselle ? Quand même les écolos ne sont pas d'accord entre eux, il y a de quoi en perdre son latin ! Dans ces cas-là, on ne s'affole pas et on choisit la solution qui nous semble la plus adéquate dans notre vie de tous les jours.

Que vous choisissiez ou non d'acheter un lave-vaisselle ou que vous en possédiez déjà un, c'est la manière dont vous l'utilisez qui fera la différence.

Pour maximiser l'utilisation de l'appareil et en minimiser l'impact écologique, on choisit un appareil le plus efficace possible avec le moins d'options, on attend qu'il soit plein avant de le mettre en marche, on élimine le séchage en ouvrant la porte et on choisit le lavage le plus efficace et rapide. Oubliez le super lave-vaisselle qui vous offre 10 000 options supplémentaires. Énergivore et cher à l'achat. Choisissez la simplicité !

Si vous optez pour faire la vaisselle à la main, utilisez une cuvette au lieu de laisser couler l'eau chaude. N'oubliez pas que l'eau chaude n'atteint pas sa température par miracle, mais utilise de l'électricité en grande quantité. Moins on en utilise, plus on diminue sa facture !

POUR EN SAVOIR PLUS :
• Des informations intéressantes sur le site d'Environnement Canada : www.ec.gc.ca/cleanair-airpur/Passons_a_l'action/Particuliers/ A_domicile/Principaux_electromenagers-WS3D80283D-1_Fr.htm

Plus près du travail

Transport

Il n'est pas toujours évident de se rapprocher de son lieu de travail. Parfois, le coût des maisons, des loyers, l'environnement extérieur et les changements d'emploi nous en empêchent. Si l'on tente de se rapprocher du lieu où l'on passe une grande partie de ses journées, c'est pour éviter de perdre du temps dans les embouteillages, lesquels génèrent énormément de pollution.

Selon certaines études, chaque tranche de dix minutes passées dans le trafic ampute de 10 % nos contacts sociaux. Il semblerait aussi que les banlieusards surévaluent les avantages à habiter loin du travail. Ils accordent trop de valeur à la maison qu'ils ont payée moins cher, exagèrent la diminution de leurs taxes municipales et sous-évaluent tout ce qu'ils perdent dans les bouchons : exercice physique, moments passés en famille, loisirs. Et que dire du manque de sommeil !

Le temps passé avec sa famille est précieux, pourquoi le perdre en déplacements ?

Des plantes purificatrices

Si vous avez le pouce vert, pourquoi ne pas en profiter pour purifier l'air de votre maison? Plus besoin d'acheter les produits chimiques qui camouflent les odeurs sans les éliminer. En effet, certaines plantes ont ce pouvoir et seront particulièrement utiles en hiver, dans nos maisons hermétiquement calfeutrées. Il est cependant préférable de les acheter au printemps, pour leur donner le temps de s'acclimater et éviter de les transporter lorsque le mercure descend sous le point de congélation.

Si toutes les plantes sont reconnues pour nettoyer l'atmosphère et faciliter le renouvellement de l'air, certaines sont plus efficaces que d'autres.

Le palmier d'Arec est recommandé pour éliminer les composés organiques volatils (COV). Le caoutchouc sera efficace pour dissiper les vapeurs de formaldéhyde. La fougère est une plante fétiche; son efficacité est surprenante. Le ficus sera également un allié, ainsi que le philodendron. On recommande de placer ces deux dernières plantes hors de la portée des animaux et des enfants à cause de leur toxicité.

Puisque aucune plante n'est efficace à 100 % pour éliminer l'ensemble des contaminants présents dans l'air, il est conseillé de varier les types. La diversité est de mise. N'hésitez pas à mettre des plantes dans toutes les pièces de votre maison, même dans votre chambre à coucher. Évidemment, il faut suivre le guide d'entretien pour assurer leur survie. Sans oublier de les arroser, sinon, adieu effet purificateur!

POUR EN SAVOIR PLUS :
• Le site du Jardin botanique et la description des plantes purificatrices : www2.ville.montreal.qc.ca/jardin/info_verte/fiches/plantes_int_air.htm
• Larry Hodgson, *Les 45 meilleures plantes pour purifier l'air de votre maison*, Montréal, Transcontinental, Collection Terre à terre, 2002, 7,95 $: www.terreaterre.net/html/tat13.html

Attention à la publicité!

L'environnement et la consommation responsable sont à la mode. Si l'on en croit les belles paroles des entreprises, celles-ci ont toutes adopté un comportement vert. Cependant, les consommateurs doivent se montrer prudents face à ce qui est appelé en anglais *greenwashing*, ou « verdissement » de réputation. Le marketing vert tend à se faire une place, bien que, trop souvent encore, la publicité encourage le gaspillage et la surconsommation. Des pubs idiotes qui préconisent des comportements stupides, il y en a plein la télé, la radio, les journaux. Même nos paysages n'y échappent pas.

Les agences de publicité commencent à modifier leurs méthodes et à se convertir au marketing vert. La tendance s'est amorcée avec des petites PME engagées. Les précurseurs en matière de publicité engagée ont été des PME militantes comme Body Shop, American Apparel, Ben & Jerry's, Pantagonia et Stonefield Farm. Des virages verts qui ne sont pas innocents. En effet, les études démontrent que 30 à 40 % des consommateurs sont de plus en plus sensibles à l'argument écologique, mais que seulement 3 à 4 % d'entre eux sont prêts à faire des compromis.

Par ailleurs, si vos jeunes fréquentent l'école secondaire, le concours les Prix du cœur de la publicité, qui existe depuis 2004, s'adresse à eux. Ce concours s'adresse aux jeunes de 15 à 17 ans et les encourage à adopter un point de vue critique sur les nombreuses publicités qui non seulement polluent l'environnement mais parfois notre quotidien.

POUR EN SAVOIR PLUS:
• Les Prix du cœur de la pub:
www.prixducoeurdelapub.com
• Utopie, une compagnie de consultants français sur le marketing vert:
www.utopies.com

Pas de poubelle pour les piles

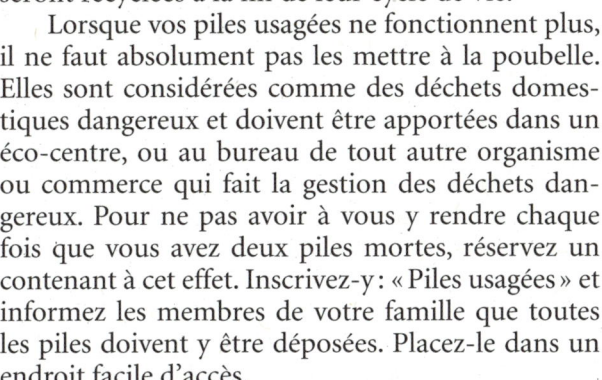

Noël est passé. Les enfants s'amusent avec leurs nouveaux jouets. Plusieurs parmi ceux-ci fonctionnent avec des piles, comme de nombreux appareils. Si c'est possible, il vaut mieux éviter les appareils à piles et leur préférer les appareils électriques. Quand on ne peut faire autrement que d'acheter des piles, il est préférable d'opter pour des piles rechargeables. Elles ont une durée de vie beaucoup plus longue que les piles traditionnelles et sont moins polluantes. De plus, ces dernières seront recyclées à la fin de leur cycle de vie.

Lorsque vos piles usagées ne fonctionnent plus, il ne faut absolument pas les mettre à la poubelle. Elles sont considérées comme des déchets domestiques dangereux et doivent être apportées dans un éco-centre, ou au bureau de tout autre organisme ou commerce qui fait la gestion des déchets dangereux. Pour ne pas avoir à vous y rendre chaque fois que vous avez deux piles mortes, réservez un contenant à cet effet. Inscrivez-y: « Piles usagées » et informez les membres de votre famille que toutes les piles doivent y être déposées. Placez-le dans un endroit facile d'accès.

Les piles rechargeables sont collectées dans le cadre du programme de la Société canadienne des piles rechargeables (RBRC). Au Québec, plus de 400 magasins et 110 municipalités sont inscrits au programme[*].

POUR EN SAVOIR PLUS :
• Société canadienne des piles rechargeables
(piles rechargeables et piles pour téléphones cellulaires) (RBRC) :
1-888-224-9764, www.rbrc.org
• L'ABC du recyclage à domicile – Recyc-Québec :
1-866-523-8290, www.recyc-quebec.gouv.qc.ca

[*] Recyc-Québec – fiche d'information sur les piles domestiques :
www.recyc-quebec.gouv.qc.ca/upload/Publications/zzFiche_532.pdf

Vraiment écolo, le rechargeable ?

Énergie

Les objets rechargeables coûtent assez cher. Qu'il s'agisse d'un rasoir, d'une perceuse, d'une tondeuse, etc. Mais sont-ils vraiment bons pour l'environnement ? Comparativement à d'autres objets, la réponse n'est pas claire. Tout dépend. Les piles doivent être soigneusement utilisées, remplacées à moyen terme et à grand prix… si on les trouve encore sur les rayons des magasins. Sinon, c'est l'appareil lui-même qui est bon pour la casse. Et que dire de la liberté du sans-fil : êtes-vous prêts à en payer le prix[*] ?

Même si de nombreux produits sont maintenant rechargeables, ce n'est pas toujours la solution la plus écologique. Pourquoi ? Parce que la pile que l'on recharge rendra l'âme un jour ou l'autre et qu'il faudra la recycler. C'est pourquoi il est préférable de limiter l'achat d'objets qui nécessitent des piles. Les objets qui fonctionnent à l'électricité durent plus longtemps, donc on les privilégie.

[*] Tison, Marc. « Ces rechargeables qui nous vident »,
La Presse, 26 mai 2007, LPA : http://www.lapresseaffaires.com/article/20070527/LAINFORMER/70526011/-1/LAINFORMER

Choisir l'équitable

Il fait froid, c'est l'hiver. Un bon petit chocolat chaud? Pourquoi ne pas acheter du chocolat équitable, en tablette ou en poudre? Je vous l'accorde, il est souvent plus cher, mais meilleur, plus pur, et sans sucre ajouté!

Évidemment, on entend maintenant partout le mot « équitable ». Tout le monde se dit équitable. Le terme n'est pas réglementé. Mais l'expression « certifié équitable » l'est. Seuls les produits qui sont certifiés par Transfair Canada, l'organisme canadien de certification, peuvent se déclarer équitables. Pour les reconnaître, recherchez le logo de Transfair.

L'important est de poser des questions; de ne pas se laisser impressionner par le mot « équitable » ni se laisser berner par les explications boiteuses d'un commerçant.

Transfair fait les vérifications pour nous. Nous n'avons pas le choix, il faut bien faire confiance à quelqu'un. Il y a aussi l'IFAT (International Fair Trade Association) qui certifie l'artisanat, tel que vendu à la boutique Dix Mille Villages Montréal, par exemple.

Et en passant, le chocolat produit par Équita, la branche du commerce équitable d'Oxfam-Québec, est excellent!

POUR EN SAVOIR PLUS :
- Transfair Canada : www.transfair.ca
- IFAT : www.ifat.org
- Equita – Commerce équitable Oxfam-Québec : 1-877-925-6001, www.equita.qc.ca
- Dix Mille Villages Montréal : 4128, rue Saint-Denis 514-848-0538, www.dixmillevillages.com

Sauvons des arbres

Ceux qui pensaient que l'avènement des nouvelles technologies, en particulier les ordinateurs et le courriel, engendrerait une baisse de la consommation de papier se sont trompés. En effet, on imprime toujours plus. Dommage, car les coûts en encre et en papier pour l'imprimante sont élevés.

En récupérant des feuilles imprimées d'un seul côté, on évite chaque fois l'achat d'un paquet de feuilles blanches. On peut aussi faire remplir ses cartouches d'encre au lieu d'en acheter des neuves. Une économie importante, lorsqu'on connaît le prix des cartouches. Certaines coûtent plus cher que l'imprimante !

Il existe aussi sur le marché un kit de remplissage de cartouches à faire soi-même. Plutôt facile, mais il faut quand même être habile !

Pour faire encore plus d'économie de papier, chaque fois qu'on songe à imprimer un document, il serait bien de se demander tout simplement si c'est vraiment nécessaire.

On peut aussi privilégier l'impression des documents recto verso. La plupart des imprimantes possèdent cette fonction, ce qui permet d'économiser la moitié des feuilles de papier nécessaires.

Finalement, le geste suprême est d'imprimer tout ça sur des feuilles de papier recyclé ou alors certifié FSC*.

POUR EN SAVOIR PLUS :
• Cascades (producteur de papier recyclé) :
1-800-567-9872
www.ecologiquedenature.com/
• La Recharge
(pour faire remplir ses cartouches d'encre) :
819-374-9995
www.larecharge.ca

* Forest Stewardship Council – Expliqué page 215.

Se moucher écolo!

Comment se mouchaient nos ancêtres? Non pas ceux qui se servaient de leurs mains, mais bien ceux qui utilisaient un mouchoir en tissu! Je sais que cela dégoûte de nombreuses personnes, mais combien de fois gardez-vous un mouchoir en papier dans votre poche pour le réutiliser? N'est-ce pas la même chose? Les mouchoirs de tissu sont lavables et réutilisables. Ils nous évitent d'utiliser du papier et de gaspiller des dizaines de dollars en achat de mouchoirs en papier.

D'accord. Si je ne vous ai pas convaincus, vous pouvez au moins utiliser des mouchoirs en papier recyclé, comme ceux produits par la compagnie Cascades. Comme pour le papier hygiénique, vous avez deux types de solutions: l'écolo moyen et l'écolo extrême!

Pour savoir qui fabrique les mouchoirs de papier les plus écologiques, l'organisme Greenpeace a publié un guide sur le sujet. Car il est quand même dommage d'utiliser les arbres d'anciennes forêts pour se moucher!

POUR EN SAVOIR PLUS:
• Cascades:
www.cascades.ca
• Guide des produits en papiers de Greenpeace:
http://papiers.greenpeace.ca/

S'impliquer!

Communautaire

Le début de l'année entraîne les bonnes résolutions. Voici un geste qui ne vous fera pas faire d'économies, du moins, pas à court terme. Vous pouvez vous impliquer dans un organisme communautaire qui s'occupe d'environnement. Vous pouvez aussi faire savoir votre opinion à votre conseiller municipal, à votre député. Dites-leur que vous voulez que les politiques municipales, provinciales et fédérales soient plus sévères en matière d'environnement.

Vous pouvez aussi réprimander les commerçants qui ne font pas votre affaire. Ils emballent trop leurs fruits et légumes? Dites-le-leur. Ils vendent des produits qui ne vous conviennent pas? Ne les achetez pas, allez ailleurs. Les commerces, entreprises, organisations, ne recyclent pas? Mentionnez-le-leur. Dites-leur que vous ne reviendrez pas tant que la situation ne se sera pas améliorée. Comme l'a souvent dit Laure Waridel «Acheter, c'est voter!»

Vous avez droit d'être informés sur les produits que vous achetez. Consommez intelligemment.

Une situation vous dérange dans votre quartier? Rassemblez-vous entre voisins et dénoncez-la.

Je coupe le moteur !

Laisser tourner le moteur d'un véhicule motorisé au ralenti sans rouler engendre beaucoup de pollution. Selon le ministère des Ressources naturelles du Canada, la consommation moyenne d'un moteur qui tourne au ralenti est de 1,38 litre à l'heure. Chaque litre consommé envoie 2,5 kg de CO_2 dans l'atmosphère. Trente secondes sont donc largement suffisantes pour réchauffer le moteur, et ce, même par 30 degrés Celsius en-dessous zéro. Il est conseillé aux automobilistes de rouler pour réchauffer plus rapidement leur moteur, ainsi que l'habitacle. Évitez aussi de dépenser pour un démarreur à distance, qui engendrera une hausse de votre consommation d'essence. D'ailleurs, le CAA-Québec n'encourage pas l'utilisation de ce type d'appareil. Il prône plutôt celle du chauffe-moteur.

Si on laisse chauffer sa voiture 15 minutes deux fois par jour pendant une semaine, on brûle l'équivalent de ce qu'on aurait brûlé en 2h30 de route. Et après, on se plaint que l'essence coûte cher !

N'hésitez pas à semoncer gentiment et avec le sourire les conducteurs qui laissent tourner leur moteur lorsqu'ils sont stationnés. Surtout en période de smog !

POUR EN SAVOIR PLUS :
• Site de Ressources naturelles Canada :
www.marcheauralenti.gc.ca
• Site de la Ville de Montréal :
www.ville.montreal.qc.ca/environnement

Congélateur plein

Énergie

Les appareils électroménagers représentent la deuxième portion de notre facture d'électricité. Lors de l'achat de l'un ou l'autre de ces appareils (laveuse, sécheuse, cuisinière, réfrigérateur, etc.), on consulte l'étiquette ÉnerGuide et on choisit le plus économique.

Fonctionnant en permanence pour maintenir les aliments sous le point de congélation, le congélateur consomme beaucoup d'électricité. Si notre congélateur n'est pas plein, on y dépose des bouteilles d'eau pour le remplir. Ces bouteilles aideront à maintenir la température froide. Ainsi, le moteur fonctionnera moins souvent. Un congélateur plein conserve le froid et permet ainsi au moteur de ne pas fonctionner pour rien.

Tisanes en vrac!

Quel plaisir de siroter une tisane avant d'aller se coucher durant les froides soirées d'hiver. Une telle concoction peut faire des merveilles lorsque vous souffrez de divers maux, dont le fameux rhume.

Pourquoi ne pas fabriquer ses propres tisanes avec les plantes séchées vendues en vrac, au lieu d'acheter des tisanes commerciales enveloppées dans un papier? On ne sait pas depuis quand elles sont ainsi préparées, et cette méthode occasionne un gaspillage de papier et souvent de plastique.

Dans de nombreuses épiceries d'aliments naturels, on peut acheter les diverses plantes nécessaires en vrac ou dans un petit sac en plastique refermable. Par exemple, vous voulez une tisane pour vous aider à dormir? Pourquoi ne pas mélanger du tilleul et de la camomille... et le soir suivant, du tilleul et de la verveine. Facile et pratique. On crée le mélange désiré et on conserve le tout dans une grande et belle boîte à biscuits en fer, que l'on a récupérée.

On fait de même avec le thé équitable en vrac. On fait infuser avec une cuillère pincette, une boule à thé ou un infuseur pour théière (mon préféré).

Ce sont des accessoires réutilisables que l'on peut acheter un peu partout au Québec.

POUR EN SAVOIR PLUS:
• La clef des champs
(herbes et épices biologiques):
www.clefdeschamps.net
• Guilde des herboristes:
www.guildedesherboristes.org

Romance… sans électricité

Énergie

La Saint-Valentin s'en vient. Pourquoi ne pas surprendre votre amoureux-se avec un souper aux chandelles qui, en plus d'être romantique, vous permet d'économiser de l'électricité ?

Prenez aussi une douche à deux ! Cela permet d'économiser l'eau chaude et donc l'électricité. Cependant, si vous restez une heure sous la douche, les économies anticipées s'envoleront…

Une soirée à deux après un bon souper, sans télévision ni ordinateur, permet de se retrouver et d'économiser. Et puis, après la douche, toute une gamme d'activités économiques et écologiques s'offrent à vous, selon votre humeur !

Un feu plus écolo

Les feux de cheminée ont un charme indéniable, ils sont romantiques et chaleureux. Qui ne rêve pas de s'étendre devant un feu crépitant au retour d'une journée de randonnée en ski de fond ?

Malheureusement, cette pratique est responsable de problèmes environnementaux, comme l'utilisation d'arbres et la pollution engendrée par la combustion du bois.

Outre le fait que l'on peut utiliser du bois mort trouvé sur son propre terrain et en faire une utilisation plus restreinte, on peut aussi utiliser des bûches plus écologiques qui émettent moins de polluants atmosphériques, responsables du smog. Bien entendu, elles ne donneront pas l'effet du feu de cheminée traditionnel, mais l'ambiance sera sauve. On se procure donc des bûches fabriquées avec de la sciure de bois compressée.

Pollution

POUR EN SAVOIR PLUS :
• Bûches Ecolog :
www.ecologcanada.com
• Les bûches Eco Logic :
www.eco-logic.ca
• Aux arbres citoyens !
un organisme de défense de la forêt :
www.auxarbrescitoyens.com

Alternatives au sel

Pollution

C'est l'hiver, votre sac de sel en prévision des journées de pluie verglaçante est prêt. Pas question de se blesser en tombant dans une entrée ou dans des escaliers recouverts de glace !

Malheureusement, le sel n'est pas la meilleure solution pour l'environnement. Lorsque la neige fond, ce produit se retrouve en grande quantité dans l'eau et dans le sol. D'ailleurs, au printemps, les pelouses brûlées par le sel peuvent témoigner de son effet dévastateur.

Des alternatives existent à l'utilisation du sel. Les allées et escaliers extérieurs peuvent être recouverts d'un tapis en jute ou en caoutchouc. Ces deux revêtements préviendront nombre de chutes.

Lors des grosses tempêtes de neige ou de verglas, on peut utiliser du sable ou de la pierre concassée. Mais lorsque le mercure descendra sous les 10 degrés Celsius, ils n'auront aucun effet. Alors, vous pouvez vous procurer en quincaillerie des mélanges spéciaux contenant peu de sel pour faire fondre la glace.

POUR EN SAVOIR PLUS :
• Environnement Canada, informations diverses sur les sels de voirie :
www.ec.gc.ca/media_archive/Press/2001/011130-2_b_f.htm

Non au jetable !

Combien de lingettes jetables nous sont proposées sur les tablettes des supermarchés et des pharmacies ! Une lingette pour se démaquiller, une lingette pour épousseter, une autre pour laver, une pour les mains, une pour les fesses de bébé… Bien entendu, ces lingettes ne sont pas réutilisables, elles se jettent après usage.

Évidemment, il est parfois utile d'en avoir pour les cas d'urgence, particulièrement avec les enfants. Mais outre ces urgences, pourquoi ne pas les bannir de votre vie en utilisant du savon et de l'eau, des débarbouillettes – et des produits nettoyants biodégradables et naturels ? Bref, tout ce que vous utilisiez avant que ces lingettes jetables soient inventées.

De plus, fait important et non négligeable, certaines de ces lingettes présentent un danger pour l'environnement ; elles sont parfois imprégnées d'un produit classé comme dissolvant.

Sachez enfin qu'il vous en coûte 15 fois plus cher d'utiliser ces lingettes jetables plutôt que la débarbouillette classique*.

Déchets

POUR EN SAVOIR PLUS :
• Le site belge du Réseau Éco-consommation :
www.ecoconso.be/article238.html

* Enquête de l'Observatoire bruxellois de la Consommation durable : www.observ.be/FR/

Acheter des vêtements plus éthiques

La mode vestimentaire change chaque saison. Au lieu d'acheter un nouveau vêtement, vous pouvez en faire retoucher ou modifier certains ou alors acheter plus éthique.

L'expression « mode éthique » regroupe plusieurs choses. On y inclut les créateurs qui fabriquent des vêtements uniques et originaux en tissu récupéré, en coton biologique, en bambou ou soya. On trouve aussi dans cette catégorie des vêtements et des accessoires fabriqués avec des matériaux équitables, par des coopératives ou tout simplement des designers qui fabriquent leurs modèles au Québec.

Pour débroussailler tout ça, Équiterre a produit un guide très complet sur l'industrie du vêtement éthique et responsable. Indispensable pour comprendre cette industrie, s'informer et connaître les bonnes adresses. Ce guide est distribué dans des boutiques de vêtements éthiques et certains commerces équitables comme Dix Mille Villages. On peut aussi se le procurer sur le site Internet d'Équiterre. Outre ce guide, le bottin offert sur le site Internet de K, fondatrice de la « Journée sans vêtements neufs » et éco-communicatrice, vous permettra de dénicher les friperies et designers écolos, où que vous soyez au Québec. Bon magasinage !

POUR EN SAVOIR PLUS :
• Le *Guide du vêtement responsable* d'Équiterre, vendu au coût de 4 $: www.equiterre.org
• Un bottin de la mode éthique, le *Bottin Designers Réc'UP* : www.vousetesici.ca

Halte à la surconsommation !

Nous vivons dans une société de consommation, ce n'est une surprise pour personne. Plusieurs passent beaucoup de temps dans les magasins et les centres commerciaux à dépenser de l'argent gagné à la sueur de leur front, ou à dépenser de l'argent qu'ils n'ont même pas encore gagné. Souvent, ces nouvelles acquisitions viennent garnir des placards déjà pleins.

Pourquoi ne pas adopter quelques-uns des principes de la simplicité volontaire ? Lorsqu'on parle de simplicité volontaire, on pense automatiquement à une vie austère. Pourtant, adopter la simplicité volontaire ne signifie pas faire vœu de pauvreté. Ce n'est pas une entrée en religion, mais une manière de se simplifier la vie. Aucune recette miracle n'est proposée, seulement quelques conseils judicieux. La simplicité volontaire est un choix, sa mise en pratique varie d'une personne à l'autre.

Généralement, il s'agit de vivre une vie matérielle plus simple pour une vie intérieure plus riche, comme le définissaient Duane Elgin et Arnold Mitchell, auteurs de *Voluntary Simplicity*, paru en 1977.

Les adeptes se plaisent à répéter la célèbre phrase de Gandhi : « Vivre simplement pour que d'autres puissent simplement vivre. »

POUR EN SAVOIR PLUS :
• Réseau québécois pour la simplicité volontaire :
www.simplicitevolontaire.org
• Le réseau américain pour la simplicité volontaire :
www.seedsofsimplicity.org
• Groupe de la simplicité volontaire de Québec :
www.gsimplicité volontaireq.org/

Vive le manuel !

Évidemment, la modernisation a des avantages qui nous facilitent la vie. Mais il arrive que ces appareils et objets électriques ou à piles, qui sont censés améliorer notre qualité de vie, s'avèrent très polluants. Pourquoi aurait-on besoin d'un aspirateur à main, d'un ouvre-boîtes électrique ? Préconisons le retour aux bons vieux objets mécaniques qui ne consomment pas d'électricité et font bien moins de bruit.

De plus, l'exercice physique supplémentaire est aussi un avantage du retour aux appareils non électriques ! Sauf, bien sûr, si vous souffrez d'arthrose ou d'une quelconque maladie qui limite la force de vos mains et de vos bras.

Et pourquoi ne pas acheter les bons vieux moulins à café qui fonctionnent manuellement ? Tellement plus beaux, moins bruyants et plus faciles à utiliser.

L'électricité statique

Personne n'aime que ses vêtements lui collent à la peau. Un phénomène qui se produit particulièrement en hiver, étant donné l'air sec de nos logements. Pour éviter ces désagréments, on utilise souvent des assouplissants qui comportent des produits chimiques ou des feuilles jetables qui éliminent l'électricité statique dans la sécheuse.

Ces feuilles représentent une pollution supplémentaire, car nous les jetons après usage.

Plusieurs solutions alternatives sont possibles. On peut utiliser un produit assouplissant biodégradable et naturel. On peut aussi utiliser du bicarbonate de soude, un produit miracle. On ajoute 60 ml (environ 1/4 de tasse) de bicarbonate à la lessive pour éliminer l'électricité statique*.

Le bicarbonate est facile à utiliser et peu dispendieux, et il permet d'éliminer l'achat d'une boîte de feuilles antistatique ainsi qu'un déchet supplémentaire. Un « deux pour un ».

POUR EN SAVOIR PLUS :
• Les Nettoyants Lemieux :
www.nettoyants-lemieux.com

---

* Robitaille, Louise. *L'ABC des trucs de cuisine de Madame Chasse-Taches,* Montréal, Publistar, 2006, 272 pages.

Adieu tampons et serviettes hygiéniques

Ce geste peut sembler très difficile à la majorité des femmes. Je vous comprends. Mais si vous essayez et adoptez la DivaCup, elle pourrait changer votre vie et vous permettre d'économiser beaucoup d'argent en achats de tampons et de serviettes hygiéFniques. En plus, on élimine ces déchets qui ne sont pas recyclables et qui vont automatiquement dans les sites d'enfouissement.

Qu'est-ce qu'une DivaCup ? C'est un petit récipient en caoutchouc qui récupère le sang menstruel. Sa flexibilité en permet l'introduction dans le vagin. L'adaptation est ardue, car il faut prendre le temps de s'y habituer. Mais si ça fonctionne pour vous, vous économiserez des milliers de dollars en tampons « flushés » dans les toilettes.

Lorsque la coupe menstruelle est en place, vous pouvez la garder de 8 à 12 heures sans la vider, selon votre flux menstruel. L'opération de vidage est délicate car il ne faut pas renverser le contenant. Encore une fois, la dextérité vient avec l'utilisation. Une fois vidée, on la lave et on la replace. La grande majorité des femmes qui l'utilisent n'en disent que du bien. Après quelques mois d'utilisation. D'ailleurs, on peut consulter plusieurs témoignages sur le site Internet de l'émission *La vie en vert* (épisode 22 - 11 août 2007).

Si vous n'arrivez pas à vous y habituer, vous serez remboursées par la compagnie. Il faut environ trois mois d'essai avant de savoir si l'on adoptera définitivement la DivaCup.

POUR EN SAVOIR PLUS :
• Diva International inc. :
1-866-444-DIVA (3482), www.divacup.com
• Coop la Maison Verte (pour acheter la coupe menstruelle) :
www.cooplamaisonverte.com

Non aux motorisés !

Si l'automobile est un important émetteur de gaz à effet de serre, il en est de même pour l'ensemble des moteurs fonctionnant à l'essence. Les sports et loisirs motorisés n'échappent pas à cette règle. Bien entendu, ces machines existent, et il est parfois difficile d'éviter complètement leur utilisation. Je le rappelle, personne n'est parfait et le respect de l'environnement n'est pas une religion. Mais on peut éviter d'acheter une motoneige, un quad, un bateau à moteur. Il est possible d'en louer tout en respectant la nature.

Il est certain que glisser sur la neige avec une motoneige à travers la forêt québécoise est grisant. Même chose lorsqu'on pratique le karting ou que l'on est amateur de course automobile.

Mais on peut demander aux compagnies qui fabriquent ces véhicules de les construire électriques. On peut restreindre notre utilisation de ces machines. On peut faire des pressions pour que les ingénieurs inventent des engins plus écologiques. Ils sont ingénieux ? Qu'ils nous le prouvent ! On les suivra avec plaisir.

Il existe tout de même des alternatives. Le bateau électrique, la voile, l'équitation, le ski, les voitures électriques, etc.

En plus, les sports motorisés sont des sources de bruit qui peuvent causer des problèmes de santé. Le bruit est aussi une forme de pollution.

POUR EN SAVOIR PLUS :
• Regroupement québécois contre le bruit : www.rqcb.ca

Voyagez avec conscience

Pollution

Peut-être pensez-vous vous envoler vers le Sud pour trouver le soleil et la chaleur. Pourquoi ne pas compenser vos émissions de CO_2 ?

Je m'explique. Les avions sont une source d'émissions de gaz à effet de serre, donc de pollution, très importante. La grande quantité de kérosène utilisée pour un seul trajet rend les voyages en avion très polluants. Reste à voir si le nouvel avion de la compagnie Boeing, le 787 Dreamliner, présenté comme le plus écolo, fera ses preuves.

Il est évident que les gens ne recommenceront pas à voyager en bateau, en train ou en voiture pour se rendre dans le Sud ou en Europe. On a donc inventé une manière de compenser la pollution que l'on occasionne en voyageant. La compagnie aérienne Air Canada permet, lors de la réservation d'un vol, l'achat de compensation des émissions de gaz à effet de serre. Air France vient d'emboîter le pas. Plusieurs autres suivront sûrement.

C'est l'organisme Zero Foot Print de Toronto, un organisme à but non lucratif, qui utilisera l'argent ainsi recueilli pour financer des projets visant à lutter contre la pollution.

POUR EN SAVOIR PLUS :
• Zero Foot print :
www.zerofootprint.net

Vacances dans le Sud responsables!

De nombreux Québécois mettent les voiles vers le Sud pour fuir l'hiver. Pour quelques mois ou quelques jours. Mais notre conscience écologique ne doit pas rester à la maison. En particulier lorsque l'on part en vacances dans le Sud. Il faut faire attention à la faune et la flore.

On doit également se comporter correctement avec les gens qui vendent des objets. Il faut éviter de marchander inutilement avec eux; leur revenu annuel ne se compare pas au nôtre.

POUR EN SAVOIR PLUS :
• Aventure Éco-tourisme Québec :
www.aventure-ecotourisme.qc.ca

Le recyclage plus facile

Déchet

Certaines personnes ne recyclent pas, parce qu'elles trouvent l'exercice trop compliqué. Comme il est préférable de rincer les contenants recyclables avant de les mettre dans le bac, traitez-les comme si c'était de la vaisselle, puis mettez-les dans le bac sous l'évier. Pourquoi faut-il les rincer ? Parce que c'est plus pratique, sécuritaire et agréable pour les employés qui traiteront les matières recyclables. Pensez-y !

Vous allez me dire, mais d'où proviennent les économies liées au recyclage ? Eh bien, il s'agit ici d'économies collectives et environnementales. On peut revendre les matières recyclables, alors que l'entretien des sites d'enfouissement coûte cher. Sans compter tous les problèmes que ces sites engendrent pour la faune, la flore et les gens qui habitent à proximité.

Vous ne vous demandez jamais ce qui se passe avec votre sac-poubelle une fois que vous l'avez déposé au bord du chemin ? Pensez-vous qu'il disparaît comme par magie ? Non ! On doit le transporter au site d'enfouissement dans un camion qui pollue. Une fois sur le site, il faut l'enfouir, en utilisant encore une fois des machines. Une fois enfoui, selon les matières qu'il contient, votre sac mettra jusqu'à des milliers d'années avant de finalement disparaître. C'est un « pensez-y bien ».

Alors que le recyclage, même si ce n'est pas la seule solution, permet de redonner une vie aux matières. La croyance populaire qui veut que le contenu de votre bac de recyclage finisse dans un site d'enfouissement est fausse. Le recyclage donne une seconde vie. Le plastique peut revenir sous forme de mobilier urbain, le verre est recyclable à l'infini, et ainsi de suite.

Ça vaut la peine de faire un petit effort pour recycler, non ?

POUR EN SAVOIR PLUS :
• L'ABC du recyclage à domicile de Recyc-Québec : 1-866-523-8290
www.recyc-quebec.gouv.qc.ca/client/fr/gerer/maison/recherche.asp

Une seconde chance

De nombreux objets encombrent vos armoires, placards, bibliothèques et autres. Souvent, ils ne servent à rien et occupent un espace précieux.

Pour éviter d'avoir dépensé de l'argent pour rien, et si l'on tient à certains de ces objets, pourquoi ne pas leur trouver une deuxième vie, leur donner une seconde chance ?

Voici quelques exemples tirés du livre très complet de Sophie Legault.

« Un chapeau peut servir de vide-poche, une soupière, de plat à fruits, une poche de vêtements de bébé peut être transformée en courtepointe, un vieux t-shirt, en coussin… Imaginez une façon de vous entourer de vos souvenirs et de les rendre utiles. Rappelez-vous que les choses que vous conservez ne doivent pas nuire à votre espace ni à votre quotidien, et le fait de vous occuper de vos trésors ne doit pas être un fardeau, mais bien un plaisir*. »

Catégorie

POUR EN SAVOIR PLUS :
• Espace retrouvé (Sophie Legault) : www.espaceretrouve.com

---

* Legault, Sophie. *Vaincre le désordre*, Montréal, Publistar, 2006, 192 pages.

Faire sa lessive avec des noix…

Laver son linge avec des noix? Plutôt avec les coquilles des noix. Ce n'est pas une blague! Il s'agit de la dernière nouveauté en matière de lessive écolo. Cette méthode est également économique, moins chère que les produits verts et les produits classiques. Une solution de rechange intéressante tant pour le portefeuille que pour l'environnement.

Ces noix, qui viennent d'Inde et du Népal, poussent sur un arbre appelé *sapindus mukorossis*, ou plus simplement, arbre à savon de l'Himalaya. Cet arbre croît sans l'apport d'engrais ni de pesticide.

Les coquilles, débarrassées de leur fruit, libèrent la saponine, le savon qui lavera les vêtements. Les noix de lavage ont une odeur assez neutre et conviennent particulièrement aux personnes sensibles et allergiques. Le kilo de noix se vend environ 20 $. Une quantité suffisante pour une année complète, à raison de 2 ou 3 brassées par semaine. On les réutilise pour 3 ou 4 brassées, puis on les composte. Pour l'odeur, on dépose quelques gouttes d'huile essentielle sur le sac.

Cependant, la saponine ne se relâche pas dans l'eau froide. On peut remédier à cet inconvénient en fabriquant un savon liquide multi-usage. On fait bouillir des coquilles dans l'eau durant 3 à 4 minutes.

Pour les taches rebelles, on utilise le savon d'Alep (savon syrien naturel et biodégradable), qui est l'ancêtre du savon de Marseille.

POUR EN SAVOIR PLUS :
Pour trouver des noix de lavage :
• Coop la Maison Verte : www.cooplamaisonverte.com
• Naturemporium : www.naturemporium.com
• Un distributeur de Toronto les vend par Internet : www.ecoideas.ca

Réapprendre à coudre

La couture demande de la patience et du talent. Parfait pour les soirées d'hiver! Mais réparer un petit trou ou coudre un bouton ne demande que quelques minutes et aucune habileté précise. Tout le monde est capable de le faire. Il est donc de bon augure de prendre les bonnes habitudes de nos mères, apprendre à recoudre un bouton, à faire un ourlet, à repriser un vêtement déchiré.

Pour les réparations qui sont plus importantes, on fait appel à une couturière professionnelle au lieu d'acheter un nouveau vêtement. En plus de limiter le gaspillage de vêtements, une telle action permet de donner du travail à un artisan local. Une bonne action pour la planète et pour la société en général.

Savez-vous combien de couturières ont perdu leur travail avec la délocalisation de leurs emplois vers les pays asiatiques? Des milliers. Et pourtant, la couture est un art et requiert des aptitudes qui ne sont pas données à tout le monde.

Les couturiers et couturières professionnels peuvent également fabriquer des vêtements sur mesure, ou encore modifier un vêtement défraîchi. De quoi se montrer original en portant une tenue unique!

> **POUR EN SAVOIR PLUS :**
> • La Friperie La Gaillarde offre des cours de couture et de transformation de vêtements; renseignez-vous sur les horaires :
> www.friperielagaillarde.com
> • De nombreuses municipalités offrent également des cours de couture.

«Technopatient»!

C'est l'époque de la révolution technologique. Tout change vite. Difficile de suivre. À peine avez-vous acheté votre ordinateur ou votre nouveau téléphone cellulaire qu'il est obsolète. Déprimant! Et pourtant, rien ne sert de courir après la dernière nouveauté. Ne vous jetez pas sur le premier gadget dès sa sortie. Attendez quelques années, la technologie évoluera et le prix diminuera grandement.

Que s'est-il passé avec les premiers magnétoscopes, les premiers lecteurs de DVD? Les prix étaient astronomiques au début, pour finalement baisser de façon vertigineuse. Ensuite, les appareils se sont améliorés pour devenir plus performants. Être patient peut rapporter gros.

De plus, si acheter de nouveaux gadgets coûte cher, ce n'est pas très bon pour l'environnement. Pour tous les appareils électroniques, la première règle est de faire des achats responsables et planifiés. On choisit du matériel de bonne qualité qui durera plus longtemps. C'est un investissement à long terme. Le matériel électronique, particulièrement les téléphones cellulaires, contient des produits qui peuvent causer des dommages environnementaux. On y retrouve du plomb, du mercure, de l'arsenic, de l'antimoine, du béryllium, etc. Alors, prudence!

POUR EN SAVOIR PLUS:
• La filière de Recyc-Québec sur les appareils des technologies de l'information et des communications (TIC): 1-800-807-0678,
www.recyc-quebec.gouv.qc.ca/client/fr/programmes-services/Filiere_TIC.asp

Changer d'air!

Trop souvent, on pense que l'air est vicié dans nos maisons. Alors, on dépense une fortune en produits désodorisants de toute sorte. Erreur! La plupart contiennent des substances toxiques, comme des composés organiques volatils. De plus, ils ne font que couvrir les mauvaises odeurs.

Un autre des problèmes qu'apportent l'hiver et nos maisons trop bien isolées est un excès d'humidité.

Pour résoudre ces problèmes et changer l'air de la maison, c'est simple. On baisse d'abord le chauffage au minimum. Puis, on ouvre les fenêtres durant un minimum de trois minutes pour désodoriser l'intérieur de la maison. Et voilà, le tour est joué, l'air est pur.

Énergie

POUR EN SAVOIR PLUS:
- La Société canadienne d'hypothèque et de logement (SCHL):
www.cmhc-schl.gc.ca/fr/co/enlo/vosavoma/quaiin/quaiin_006.cfm

Donner ses vieilles revues

J'adore les revues et les livres. Mais il arrive que leur entreposage pose problème. Bien entendu, les revues se recyclent et peuvent aisément se retrouver dans le bac de recyclage. Mais pourquoi ne pas leur donner une seconde vie avant que ce qu'il en reste soit recyclé ?

Vos vieilles revues feront le bonheur des garderies et des écoles. Les enfants les utilisent pour découper des images et en faire des collages.

Par ailleurs, certaines revues feront aussi la joie des collectionneurs et des magasins de livres usagés. Par exemple, ne recyclez pas, mais vendez plutôt votre collection de *Géo*, de *National Geographic*, de *Première*, etc.

Si vous êtes patients et avez le temps, vous pouvez aussi les mettre en vente sur Ebay. Certains collectionneurs sont prêts à y mettre le prix lorsqu'il s'agit d'un numéro qui manque à leur collection !

Et finalement, au lieu d'acheter des revues, pourquoi ne pas aller les lire à la bibliothèque ? ou s'abonner avec des amis ?

POUR EN SAVOIR PLUS :
• EcoRelation, un site qui propose une forêt virtuelle d'échange d'objets, dont les revues. Jetez-y un coup d'œil :
http://ecorelation.com

Virage électronique pour économiser du papier !

Déchets

Cette section n'intéressera pas les « technophobes » ! Ni les personnes qui ne font pas confiance aux transactions par Internet. Et pourtant, on peut se faciliter grandement la vie en s'inscrivant aux services de facturation électronique et en gérant ses comptes par Internet. Je le fais depuis plus de dix ans et je n'ai jamais eu de problème de sécurité. En plus, cela diminue l'utilisation de papier, de timbres, d'enveloppes, de chèques et de temps.

En gérant votre compte bancaire et vos factures sur Internet, vous gardez le contrôle en tout temps sur vos finances.

Toutes les institutions financières offrent ce service. On peut presque tout payer via Internet et recevoir par courriel les factures de téléphone, du câble, etc. On peut même faire sa déclaration de revenus !

Les caisses Desjardins sont associées depuis longtemps avec le Jour de la Terre Québec et incitent chaque année les gens à adopter la facturation électronique.

Pourquoi ne pas essayer ? Faites-vous aider par quelqu'un qui s'y connaît si les premiers essais vous effraient. Par la suite, vous serez surpris de la convivialité du système. Mais attention aux courriels frauduleux ; ne vous faites pas prendre par le harponnage. Aucune institution financière ni fournisseur de services ne vous demandera votre mot de passe et numéro de compte par courriel. Jetez à la corbeille tout courriel suspect et appelez votre institution bancaire pour faire les vérifications d'usage si quelque chose vous inquiète.

POUR EN SAVOIR PLUS :
- Caisses Desjardins : www.desjardins.com
- Le Jour de la Terre (le 22 avril) : www.jourdelaterre.org

Les poubelles n'aiment pas les pneus !

Déchets

Le printemps approche, il est temps de remiser les pneus d'hiver. Si vous devez vous en débarrasser, pas question de les jeter. Les pneus sont récupérés sécuritairement car ils représentent un problème environnemental de taille.

À cet effet, depuis le 1er octobre 1999, un droit environnemental de 3 $ est prélevé sur l'achat de chaque pneu neuf. Pourquoi ? Pour gérer le programme de récupération des pneus en fin de vie. Ainsi, le service de récupération des pneus est gratuit. Le commerçant ou l'organisme qui les récupère n'a aucun droit de vous facturer des frais supplémentaires.

Par ailleurs, les pneus récupérés sont utilisés dans la fabrication de nouveaux produits comme des tapis, des tuiles, des revêtements sportifs, du mobilier urbain et autres. Des cimenteries l'utilisent aussi dans la valorisation énergétique. Comme quoi tout produit peut trouver une nouvelle vie.

Si vous ne savez que faire de vos pneus, vous pouvez les amener dans un éco-centre, chez votre garagiste, en vous assurant qu'il en disposera de manière responsable, ou chez tout autre récupérateur figurant sur la liste qui se trouve sur le site Internet de Recyc-Québec.

POUR EN SAVOIR PLUS :
• Recyc-Québec et les pneus :
www.recyc-quebec.gouv.qc.ca/client/fr/programmes-services/pneus/fonction.asp

L'allaitement

Geste qui peut surprendre. Cependant, il est indéniable que l'allaitement de son bébé est un geste écologique qui permet de faire de grandes économies en achat de lait maternisé.

Par ailleurs, outre les nombreux bénéfices en matière de santé pour l'enfant, l'allaitement est pratique et éco-énergétique. Aucun besoin d'utiliser le micro-ondes, le lave-vaisselle pour laver les bouteilles.

Trop souvent, les mamans sont laissées à elles-mêmes et abandonnent à la moindre difficulté. Facilement compréhensible lorsqu'on sait comment la venue d'un enfant bouleverse une vie. Mais plusieurs ressources sont offertes pour aider les nouveaux parents. Utilisons-les.

POUR EN SAVOIR PLUS :
• Ligue la Leche :
1-866-255-2483
www.allaitement.ca
• Maman pour la vie : www.mamanpourlavie.com
• *Mieux vivre avec notre enfant de la naissance à deux ans*, Institut National de la Santé publique du Québec, 2007, disponible gratuitement en format PDF sur Internet : www.inspq.qc.ca/MieuxVivre/

Le retour des couches en tissu !

Attendez avant de sauter cette page. Non, nous ne sommes plus au temps où les couches en tissu représentaient un gros casse-tête. Elles ont bien changé ! De nos jours, les couches en tissu sont aussi pratiques que celles en papier. Elles ne sont pas aussi efficaces, mais il en coûte au plus 400 $ pour toutes les couches, les culottes imperméables et les doublures jetables nécessaires à l'enfant jusqu'à l'âge de la propreté. Réparties sur deux ans, vos couches Magik vous coûtent moins de 4 $ par semaine*.

Si les couches en coton suscitent une controverse à cause des effets nocifs sur l'environnement de la culture du coton (à cause, notamment, d'une forte utilisation de pesticides), les couches en coton biologique ou en bambou et en chanvre sont parfaites. Ces deux matériaux poussent facilement, sans engrais ni pesticides.

Par ailleurs, pour vous convaincre voici quelques autres chiffres :

• Une couche jetable subsiste 200 à 500 ans sous terre ; tandis qu'une couche en coton s'utilise au moins 200 fois.

• Les couches jetables contiennent des produits chimiques tels que gels absorbants, parfums, agents de conservation. Des produits cancérigènes ont même été pointés du doigt par diverses études : polychloroprène en 1967, dioxine en 1989, benzol en 1988, TBT en 2000.

• En utilisant des couches de coton, une famille économise entre 750 $ et 1 500 $ par enfant, de la naissance à l'âge de la propreté (2 ans et demi environ), en tenant compte de l'achat de tous les accessoires et des coûts de lavage. Une économie multipliée selon le nombre d'enfants, puisque les couches sont réutilisables.

---

* Source : Ethiquette.ca : www.ethiquette.ca/index.php?option=com_content&task=view&id=2079&Itemid=57&lang=fr

La production des couches jetables, par rapport aux couches lavables, consomme 3,5 fois plus d'énergie, 2,3 fois plus d'eau et 90 fois plus de matières premières[*].

POUR EN SAVOIR PLUS :
- Couche en bambou de Bummis : www.bummis.com
- La mère Hélène :
http://merehelene.com/fr/couche-coton.aspx
- Maman autrement :
514-574-4143, www.mamanautrement.com
- Des conseils écolos pour les enfants avec le site Bébé écolo :
www.bebe-ecolo.com

---

[*] Thèse doctorale d'Anne-Sophie OURTH, *Les couches lavables constituent une alternative moderne, écologique et économique aux couches jetables*, Faculté universitaire des Sciences Agronomiques de Gembloux, 2003.

Verdir son lieu de travail

Travail

Si l'objectif premier de ce livre est de vous aider à changer vos habitudes quotidiennes à la maison, il vous donnera aussi des idées et conseils à mettre en pratique dans votre milieu de travail. La vie ne se limite pas à la maison et, à moins d'être travailleur autonome, vous passez la plus grande partie de votre temps à l'extérieur et surtout au travail.

Vous pourriez demander à votre patron de travailler à la maison une fois par semaine, histoire de limiter vos déplacements en voiture. Vous pouvez également vous rendre au boulot en vélo et proposer l'installation d'un garage à vélo au travail.

Pour diminuer la consommation d'électricité de l'entreprise qui vous emploie, et vous tenir en forme par la même occasion, optez pour les escaliers plutôt que pour l'ascenseur.

Vous pouvez aussi encourager le recyclage du papier.

La folie des petites crèmes

Si l'on se fie aux multiples publicités des compagnies de produits de beauté, nous aurions besoin d'une multitude de petits pots de crème pour garder notre peau en santé. Et pourtant, on peut protéger et nourrir notre peau à petit prix avec des produits naturels que l'on fabrique soi-même.

Si l'on désire payer plus cher, on peut acheter des produits naturels sans paraben ni autre agent de conservation. L'important est de s'informer sur les ingrédients contenus dans les cosmétiques puisque, depuis peu, il est obligatoire d'inscrire la liste des ingrédients sur les contenants. Certains produits sont plus chers. Il faut diminuer la quantité achetée et utilisée.

Il existe de plus en plus de produits de beauté certifiés biologiques ; on les privilégie.

POUR EN SAVOIR PLUS :
• Dr Hauchska :
1-800-663-6226, www.oasis-esthetique.com
• Kariderm :
1-877-527-4838, www.kariderm.com
• Druide, certifié par Ecocert :
1-800-663-9693, www.druide.ca
• Ecco-Bella :
1-877-688-7478, www.eccobella.com, www.nutripur.com
• Le monde bio :
www.mondebio.com

Le geste de Laure Waridel,
écosociologue et auteure

En ville, je me déplace principalement en vélo, même l'hiver. Lorsque je suis avec mes deux jeunes enfants, j'opte plutôt pour le transport en commun, qu'ils adorent. Afin d'économiser du temps et maximiser mes déplacements, je vais dans la rubrique «Tous azimuts» de la Société de Transport de Montréal (STM):
www2.stm.info/azimuts/carte.wcs?eff=OD

Le printemps

Une deuxième vie pour tout

Récuération

L'une des facettes de la consommation responsable est la récupération. Certaines personnes sont de vraies magiciennes des objets et de la matière. L'écologiste Mariannick Chiroux a écrit un petit guide de la récupération. Avec elle, tout, ou presque, trouve une deuxième vie. Elle fabrique des élastiques avec ses vieux bas de nylon et des bijoux avec des montres qui ne fonctionnent plus.

En se creusant la tête, on peut trouver une autre utilité à de nombreux objets. Cela peut aussi constituer un jeu avec les enfants. Durant un après-midi pluvieux, on leur demande de décider de la prochaine utilisation de certains objets.

D'autres idées sont intéressantes. Un vieux contenant en plastique de ketchup sous pression deviendra un arrosoir à fleurs. Les cartons d'œufs sont parfaits pour les semis.

POUR EN SAVOIR PLUS :
• Mariannick Chiroux, *Le guide de la récupération*, 4 $.
En vente dans quelques magasins d'aliments naturels, ou en contactant l'auteure au 450-226-2455.

Oui aux fluocompactes!

Les ampoules traditionnelles ne sont économiques qu'à l'achat. Sachez qu'elles existent depuis 1879, que leur technologie a peu changé depuis cette époque, qu'elles ont une durée de vie de six mois en moyenne, et que seulement 10 % de l'énergie consommée sert à l'éclairage, alors que 90 % est perdue en chaleur!

Par comparaison, les ampoules fluocompactes sont quatre fois plus efficaces. 75 % de l'énergie consommée sert à l'éclairage. Leur durée de vie est de 5 à 10 ans. Elles permettent d'économiser environ 50 $ par année sur la facture d'électricité d'une famille.

Changez pour des ampoules à basse consommation de 15 W pour l'ensemble de l'éclairage de la maison.

POUR EN SAVOIR PLUS :
• Environnement Canada :
1-800-668-6767, www.ec.gc.ca/EnviroZine/french/issues/48/print_version_f.cfm?page=questions
• Le Réseau Éco-consommation :
www.ecoconso.be/article35.html

Le Jour de la Terre

Sensibilisation

Depuis 1970, tous les 22 avril, on célèbre la Terre dans les écoles, les organismes, les campagnes et les villes. Si vous ne savez pas par où commencer votre implication, pourquoi ne pas profiter de cette journée pour fureter parmi les centaines d'activités organisées partout au Québec ? D'ailleurs, le site Internet du Jour de la Terre Québec regroupe l'ensemble de ces événements, qui ont lieu aux quatre coins de la province, et même de la planète !

Le porte-parole, secondé par quatre porte-voix, est le célèbre animateur et philosophe Jacques Languirand. Ce dernier traite de l'environnement dans son émission diffusée à la radio de Radio-Canada, *Par 4 chemins*, et aime citer cette phrase de Saint-Exupéry : « Nous n'héritons pas de la terre de nos ancêtres, nous l'empruntons à nos enfants. »

Le Jour de la Terre est une organisation internationale, mais tout le monde peut organiser une activité dans le cadre de cette journée spécifique. Si l'activité vise un objectif environnemental, bien entendu. L'inscription des activités sur le site Internet est gratuite.

Le 22 avril 1970 marque la naissance du mouvement environnemental tel qu'on le connaît aujourd'hui. Certaines années, la célébration du Jour de la Terre passait presque inaperçue. Ce n'est plus le cas. La préoccupation de plus en plus omniprésente de l'humanité pour l'environnement a placé cette journée à l'agenda de bien des gens. En espérant que ce ne soit pas qu'un feu de paille.

POUR EN SAVOIR PLUS :
• Le Jour de la Terre Québec :
www.jourdelaterre.org
• Diverses personnalités témoignent de leur implication écologique à l'adresse suivante :
www.jourdelaterre.tv

Le chauffe-eau au régime

Pour diminuer sa facture d'électricité, on peut aussi fermer le robinet… d'eau chaude, qui compte pour 16 % des dépenses énergétiques. Douches, vaisselle, lessive, autant d'occasions de diminuer sa consommation d'eau chaude et, conséquemment, d'énergie.

Il est possible de diminuer la température de l'eau en prenant sa douche. Attention ! Il ne faut absolument pas baisser la température de son chauffe-eau à moins de 60 degrés Celsius. Pour éviter la perte d'énergie, on installe des tubes isolants sur les tuyaux qui sont reliés au chauffe-eau. Lorsqu'on se douche, on ne reste pas de longues minutes sous l'eau qui coule. On se limite à sept ou huit minutes. On achète une pomme de douche à débit réduit. Finalement, on lave son linge à l'eau froide et non chaude, et on remplit la machine à laver à pleine capacité.

POUR EN SAVOIR PLUS :
• Ressources naturelles Canada :
1-800-387-2000
www.oee.nrcan.gc.ca/residentiel/personnel/maisons-neuves/conservation-eau.cfm?attr=4#chauffe-eau

Blanchir sans polluer

Entretien

Redonner sa blancheur à nos vêtements peut représenter tout un défi ! Il existe dans le commerce des nettoyants blanchissants fortement concentrés en produits chimiques de tous genres. Ceux-ci coûtent souvent cher et sont très polluants pour notre eau.

Évidemment, on peut utiliser l'eau de Javel. Pas très bon non plus sur le plan de l'environnement, même si ce produit est peu dispendieux.

Pour redonner son éclat au blanc des vêtements, il y a toutefois des solutions plus écologiques. Certaines de ces solutions sont des trucs dits « de grand-mère », trucs qui ont fait leurs preuves depuis la nuit des temps, comme étendre son linge au soleil, par exemple. Un blanchisseur écolo, et tout à fait gratuit.

Pour des blancs plus purs, on peut ajouter une cuillère à soupe de percarbonate de soude qui libérera de l'oxygène dans l'eau et évitera le « voile gris » qui apparaît après quelques lavages. Le percarbonate de sodium est un composé chimique très simple qui n'est pas du tout nocif pour l'environnement. Il se décompose en oxygène et cendre de soude. Vous le trouverez dans certains produits détachants du type Oxy. Les marques maison sont les moins dispendieuses. Au Canada, ils sont disponibles dans les magasins à grande surface, et dans la plupart des boutiques de produits naturels[*].

POUR EN SAVOIR PLUS :
• Biovert : www.prolav.com
• Les Nettoyants Lemieux :
www.nettoyants-lemieux.com

[*] Nature emporium :
www.naturemporium.com/francais/noix_de_lavage.asp

Moins d'eau

Eau

Je diminue ma consommation d'eau à la maison et à l'extérieur, car l'eau est une ressource essentielle.

À l'intérieur de la maison, nous utilisons 26 % de cette distribution quotidienne d'eau pour les toilettes, 22 % pour la machine à laver, 17 % pour les douches, 16 % pour les robinets, 2 % pour le bain, 1 % pour le lave-vaisselle, et 14 % de l'eau disparaît sous forme de fuites.

Un robinet qui fuit peut gaspiller entre 140 et 680 litres d'eau par jour, selon la vitesse d'écoulement. Les toilettes vieilles de plus de 15 ans consomment généralement 18 litres d'eau ou plus à chaque chasse d'eau. En moyenne, un usager résidentiel tire la chasse quatre fois par jour. De plus, environ 20 % des toilettes ont des fuites. La troisième plus grande utilisation de l'eau est celle que nécessitent le bain et la douche. Le débit des pommes de douche classiques varie entre 15 et 20 litres d'eau par minute. Ainsi, les résidences dotées de ces dernières consomment 132 litres d'eau par jour pour les douches.

Durant la saison estivale, la consommation d'eau peut augmenter de 50 %. Les pelouses ont bien sûr besoin d'eau, mais une bonne partie est gaspillée en raison d'un arrosage excessif et de l'évaporation. Un lavage d'auto effectué au boyau d'arrosage peut nécessiter environ 400 litres d'eau. L'usager pourrait économiser à peu près 300 litres d'eau en utilisant un seau et une éponge ainsi qu'un pistolet de distribution. N'oubliez pas qu'un boyau d'arrosage utilise 1 000 litres d'eau à l'heure.

Alors, prêts à diminuer votre consommation d'eau, maintenant que vous savez comment faire ?

POUR EN SAVOIR PLUS :
• Les statistiques de la Ville de Montréal :
http://services.ville.montreal.qc.ca/station/fr/pratgesf.htm

L'épicerie à la maison!

Consommation

Si vous préférez, certains agriculteurs livrent leurs produits directement chez vous, mais ça coûte un peu plus cher. Faire son épicerie par Internet n'est pas nouveau. Se la faire livrer non plus. Mais on peut maintenant faire livrer son épicerie biologique à la maison. Les fermes Les Jardins urbains et Le Jardin des Anges offrent ce service, ainsi que la ferme Le Crépuscule. Si vous habitez la grande région de Montréal, un clic de souris et votre épicerie est à la porte, ou dans un magasin près de chez vous.

Les produits offerts ressemblent à ceux que l'on trouve dans les boutiques d'aliments naturels. Le service s'adresse en priorité aux urbains pressés qui ne peuvent prendre le temps de faire l'épicerie ou qui n'ont pas de voiture.

La livraison est gratuite, et les prix ne sont pas plus élevés qu'à l'épicerie traditionnelle.

Si ça vous chante, vous pouvez également visiter les terres de certains agriculteurs pour y pratiquer l'auto-cueillette.

POUR EN SAVOIR PLUS :
• La ferme Le Crépuscule :
www.fermelecrepuscule.com
• Le Jardin des Anges :
www.jardindesanges.com
• Les Jardins Urbains :
www.lesjardinsurbains.ca

Les paniers bios

En avril, il est temps de choisir l'agriculteur qui vous fournira des produits bios bon marché pour l'été. Grâce au programme d'Agriculture soutenue par la communauté de l'organisme Équiterre, plus besoin d'aller au supermarché. L'agriculteur fera la livraison de ses produits frais à un endroit et à un moment précis, et vous n'aurez qu'à l'y rencontrer. Chaque panier sera une surprise. En se joignant au réseau d'Équiterre, on choisit également de partager les risques avec son agriculteur. Car la nature est surprenante et peut détruire une récolte en quelques minutes.

Les produits étant très frais, ils se conservent plus longtemps que les fruits et légumes achetés dans le commerce et qui ont voyagé. Ce réseau permet d'acheter des aliments biologiques à des marchands locaux à moindres frais. Il vous en coûtera entre 10 et 20 $ par semaine ! Si vous habitez seul, partagez les coûts et les produits avec un voisin ou un ami. Seul hic, il ne faut pas rater l'heure de la livraison.

Si vous habitez près de Sherbrooke, vous pouvez aussi faire affaire avec les AmiEs de la Terre de l'Estrie, qui offrent une formule originale de commande de produits locaux à la carte, le Marché de la solidarité régionale. Vous choisissez sur Internet parmi les multiples produits – biologiques ou non – des fournisseurs de la région, puis vous allez chercher votre épicerie au point de chute à un moment convenu. Le paiement s'effectue à la cueillette. Une façon intéressante d'encourager les producteurs locaux.

POUR EN SAVOIR PLUS :
• Les AmiEs de la Terre de l'Estrie : 819-562-4413, www.atestrie.com
• Équiterre : 514-522-2000, www.equiterre.org

Des événements éco-responsables ?

Environnement

Outre la vie quotidienne dans le confort de votre foyer, vous pouvez faire une différence lors de vos activités professionnelles. Vous pouvez organiser un événement éco-responsable. Les groupes environnementaux le font.

Voici donc quelques idées pour organiser un événement éco-responsable. Par exemple, on utilise des contenants réutilisables, équitables et biologiques. Pas de bâtonnets pour remuer le café qui, lui, doit être équitable. On utilise des tasses en porcelaine, des contenants à sucre, lait et crème en vrac ou des distributeurs. De vraies cuillères, pas de plastique. Si on utilise des verres à bière en plastique, on s'assure qu'ils soient recyclables ou compostables. Lors du concert *Friends of Live Earth* à Montréal, une consigne de 1 $ était facturée pour les verres à bière afin d'encourager les gens à les réutiliser.

Lors des dîners, l'ensemble des couverts doit également être réutilisable (porcelaine, couverts en métal), et les serviettes de table doivent être en tissu. Les plats servis sont végétariens et en partie biologiques.

Le programme, les communiqués, etc., doivent être imprimés sur du papier recyclé. L'information est donnée dans un sac en tissu, réutilisable pour faire l'épicerie. On distribue des sacs fabriqués au Québec, par exemple par l'organisme de réinsertion sociale Les Petites mains.

POUR EN SAVOIR PLUS :
• L'Université de Sherbrooke :
www.usherbrooke.ca/rvdd/ecoresponsable/
• Réseau québécois des femmes en environnement :
514-843-2015, www.rqfe.org

Vive le vélo!

Le printemps est le meilleur moment pour commencer ou recommencer à faire du vélo et, du même coup, pour en acheter un. Bien entendu, avant de faire des économies potentielles, l'achat d'une bicyclette représente un investissement. Tout dépend de l'utilisation que vous comptez en faire. Sachez cependant qu'un bon vélo, durable et équipé de porte-bagages, garde-boue, phares et cadenas vous coûtera autour de 500 $. Un bon magasinage s'impose. Mais il existe aussi des vélos usagés et des éco-vélos fabriqués à partir d'anciennes bicyclettes reconditionnées. C'est la solution idéale lorsque votre budget est limité.

Pourquoi donc ne pas encourager des entreprises d'insertion sociale du Québec qui récupèrent de vieux vélos pour en faire des neufs? En plus, ils coûtent souvent beaucoup moins cher, autour de 150 $.

Les magasins de vélos peuvent aussi vous offrir des vélos usagés moins dispendieux. Vous pouvez aussi contacter votre poste de police pour connaître la date de l'encan des bicyclettes non réclamées (perdues ou volées).

Pensez aussi à faire le tour des ventes de garage, fréquentes au printemps. Votre bonheur s'y trouve peut-être. Mais rappelez-vous que, pour être sécuritaire, le vélo usagé nécessitera une mise au point.

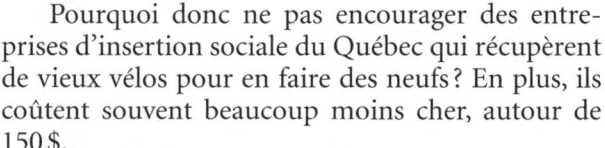

POUR EN SAVOIR PLUS:
• Vélo Québec: www.velo.qc.ca
Vélos usagés
• SOS vélo: 514-251-8803, www.sosvelo.ca
• Les Mécanos du vélo à Victoriaville: 819-752-3158
Vélos neufs et usagés et vélos urbains pliables
• Dumoulin Bicyclettes:
514-272-5834, www.dumoulinbicyclettes.com

Mettre sa minoune à la ferraille

Transport

Vous avez une vieille voiture qui consomme beaucoup d'essence et vous coûte cher en réparations ? Elle pourrait vous rapporter gros avec le programme de mise à la ferraille de vieilles voitures « Faites de l'air ! » de l'Association québécoise de lutte contre la pollution atmosphérique (AQLPA).

Vous pouvez donc échanger votre vieille voiture contre un laissez-passer pour le transport en commun. L'AQLPA offre des titres de transport valides pour six mois. Par ailleurs, la Fondation canadienne du rein, partenaire du programme, émettra un reçu d'impôt d'une valeur de 50 à 70 $.

Une fois que les pièces contenant des produits dangereux sont retirées, la voiture est broyée puis déchiquetée par la Société nationale de ferrailles (SNF) à son centre de Laval. Ensuite, les éléments ferreux et non ferreux sont séparés et revendus. Ils seront ainsi réutilisés. 99 % du véhicule est récupéré.

Pour être informé sur ce programme et savoir si on est admissible, il suffit d'appeler au 1 888 819-7330, ou se rendre sur le site Internet www.aqlpa.com.

De la nourriture dans les poubelles!

Ce truc s'adresse exclusivement aux personnes averties et qui ne sont pas dédaigneuses. Sans blague, personne n'a vraiment envie de fouiller dans les poubelles pour récupérer de la nourriture. En fait, il ne s'agit pas vraiment de poubelles, mais de contenants remplis des aliments non vendables que de nombreuses entreprises du domaine alimentaire jettent.

Pourquoi? Pour diverses raisons: esthétisme, surplus, invendus. Pourtant, la plupart de ces produits sont consommables. D'ailleurs, un professeur américain qui étudie le gaspillage alimentaire depuis plus de 10 ans estime que 40 à 50 % de la nourriture produite est jetée avant même d'atteindre les tablettes des supermarchés.

Au Québec, impossible d'obtenir des chiffres. Les détaillants en alimentation restent muets. Laitues, tomates, choux-fleurs, pamplemousses, miches de pain, fines herbes font partie de ces produits en parfait état que l'on trouve en fouillant dans les poubelles industrielles. Cette nourriture est récupérée par certains groupes. Cette idée est loin d'être unique et a donné lieu à la naissance du mouvement Freegan à New York. Les membres récupèrent la nourriture, mais aussi d'autres biens de consommation jetés dans les poubelles.

Alimentation

POUR EN SAVOIR PLUS:
• L'organisme Être Terre :
www.lateresto.org
• Le mouvement Freegan (en anglais):
www.freegan.info
• Moisson Montréal:
www.moissonmontreal.org

Rien dans les toilettes!

Eau

Enfin, rien de ce qui n'est pas censé s'y retrouver... Les toilettes ne sont pas une deuxième poubelle, il ne faut donc pas y jeter toutes sortes d'objets. Certains peuvent la boucher, d'autres se rendront directement à l'usine de traitement des eaux usées ou dans la fosse septique (pour ceux qui en sont équipés). Si trop de déchets sont déversés dans une fosse septique, elle aura du mal à les intégrer.

Donc, on ne jette rien dans les toilettes (mégots, fil dentaire, applicateurs de tampons, serviettes hygiéniques, préservatifs). On dispose de ces objets dans la poubelle, puisqu'ils ne sont pas recyclables. L'usine de gestion des eaux usées sera moins embourbée... Plus elle fonctionne, plus nous payons par le biais de nos taxes municipales. Ne l'oublions pas.

Aussi, de plus en plus de gens se questionnent sur les produits que l'on retrouve dans l'eau, lorsque celle-ci, une fois purifiée, est remise en circulation.

Voici ce qu'on en dit sur le site du gouvernement du Canada : « La réduction des conséquences de la production d'eaux usées a pour objet d'utiliser les ressources en eau plus efficacement, de minimiser les incidences nuisibles sur l'environnement en s'assurant de se débarrasser convenablement des déchets dangereux et de réduire la charge sur l'infrastructure existante de traitement d'eau. Les installations de traitement des eaux usées peuvent être surchargées par des volumes excessifs. Lorsque ces installations réduisent le volume d'eau, elles évitent de polluer les nappes d'eau naturelles. Les eaux usées provenant de l'exploitation des installations et des écoulements des eaux pluviales provenant de propriétés nécessitent une gestion appropriée pour s'assurer qu'elles ne polluent pas les eaux souterraines ou les eaux de surface[*]. »

---

[*] Gouvernement du Canada : www.greeninggovernment.gc.ca/default.asp?lang=Fr&n=A75643BB-1

Une robe de mariée plus écolo !

Non, je ne parle pas d'une robe de mariée mangeable ou recyclable, mais bien d'une robe que vous louez au lieu de l'acheter. C'est possible, et cela vous permettra de faire des économies importantes. Vous pourrez faire faire les retouches nécessaires sur votre robe de mariée, mais au lieu de payer plus de 1 000 $ pour une robe que vous ne porterez qu'une seule fois, le coût sera réduit de la moitié ou plus. Les hommes louent bien leur smoking, pourquoi les femmes ne loueraient-elles pas leurs robes ?

Quand Isabelle Leduc, propriétaire de Oui je le vœux, a lancé sa boutique il y a plus de 10 ans, ce n'était pas vraiment dans les mentalités de louer sa robe de mariée. Quelques années plus tard, changement, sensibilisation à l'environnement et désir de dépenser moins d'argent ont popularisé son idée. Elle réalise 60 % de son chiffre d'affaires avec la location. Le choix de robes offertes en location est assez vaste, du haut de gamme au modèle taille forte. Cependant, les modèles les plus fragiles ne peuvent être loués.

POUR EN SAVOIR PLUS :
• Boutique Oui, je le vœux... :
6924, Plaza Saint-Hubert à Montréal
514-276-2945, www.ouijelevoeux.com

Habiter plus petit

Notre ambition d'avoir des maisons de plus en plus grandes est-elle rentable pour nous? Quels sont nos véritables besoins en matière de logement? Pourquoi voulons-nous habiter plus grand? Pour entreposer nos trop nombreuses possessions? Si on choisit de payer moins cher, pourquoi ne pas réduire nos ambitions?

La maison écolo est aussi une maison où la totalité de l'espace est utilisé. Le temps où le salon était un musée interdit aux enfants est donc révolu. Une maison doit vivre! L'architecte Maryse Leduc souligne qu'une maison plus écologique est une maison où l'ensemble des pièces est utilisé. Il n'y a pas d'espace perdu. On construit une maison ou on habite un appartement qui correspond à nos besoins.

L'organisatrice professionnelle Sophie Legault rappelle aussi qu'on possède trop de choses qui ne servent à rien. Elle souligne que, trop souvent, nous payons un loyer plus élevé pour un appartement plus grand simplement pour entreposer nos nombreux achats. Pensez-y avant de planifier votre déménagement!

POUR EN SAVOIR PLUS:
• Espace retrouvé (Sophie Legault):
www.espaceretrouve.com
• Maryse Leduc Architecte (informations sur la maison saine):
www.maryseleduc.com

Le retour du troc

Le troc est le plus vieux mode de transaction au monde. Non, l'argent n'a pas disparu, et il ne disparaîtra pas. Mais pourquoi ne pas adapter les échanges de produits et de services à notre mode de vie actuel? Chaque personne possède un talent particulier qui peut se monnayer. Mais au lieu de le vendre pour de l'argent, pourquoi ne pas l'échanger contre le talent de quelqu'un d'autre?

L'échange de services peut prendre plusieurs formes : le gardiennage, les travaux de réparation de la maison ou de la voiture, la préparation de plats cuisinés. On dépense moins, on achète moins et on se fait des amis. Cela nous permet aussi d'accéder à des services qu'on ne pourrait s'offrir autrement et, ainsi, d'améliorer notre qualité de vie.

Plusieurs organismes existent pour soutenir ce système de retour au troc, mais il n'est pas nécessaire d'adhérer à une organisation. Vous pouvez vous arranger entre amis et connaissances. Essayez! Vous pourriez être beaucoup plus riche que vous ne le pensez...

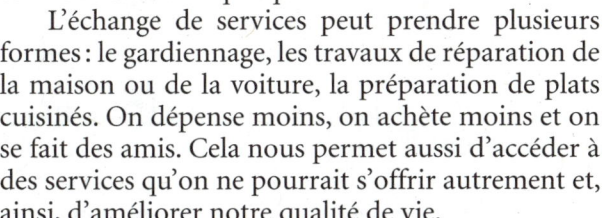

POUR EN SAVOIR PLUS :
• Banque d'échanges communautaires de services (BECS) :
514-350-2407, www.selbecs.org
• Jardin d'échange universel (JEU) :
514-350-2407, www.jeu-game.com
• Système d'échange local (SEL) :
http://terresacree.org/sel.htm

Tondre sans bruit

Pollution

Au printemps, la nature reprend ses droits et il sera bientôt temps de tondre la pelouse. Si vous possédez une vieille tondeuse polluante à essence, ce serait peut-être une bonne idée de vous en débarrasser et de vous en procurer une plus écolo. Les tondeuses à essence sont aussi une source de pollution et d'émissions de gaz à effet de serre. Pourquoi ne pas tondre sans pollution, tout en diminuant le bruit que l'on produit ?

Dans le cadre de l'événement annuel Coupez court à la pollution, organisé en collaboration avec la Fondation Air Pur, les magasins Home Depot vous offrent un rabais instantané allant jusqu'à 100 $ sur une tondeuse à gazon ou un taille-bordures écologiques (électriques ou manuels) lorsque vous rapportez votre vieille machine.

De plus, si vous n'avez pas une grande étendue d'herbe à entretenir, offrez-vous une tondeuse mécanique. Elle vous coûtera environ 50 % moins cher. Mieux vaut y penser. En plus, les tondeuses manuelles vous permettent de faire de l'exercice tout en tondant ! Il faut savoir que chaque année, au Canada, les outils à essence servant à l'entretien des pelouses produisent environ 80 000 tonnes de gaz à effet de serre et d'émissions génératrices de smog. En fait, une tondeuse munie d'un moteur à deux temps peut produire la même quantité d'émissions polluantes à chaque tonte qu'une auto qui parcourt 550 kilomètres.

Rapportez votre vieille tondeuse ou coupe-bordures à essence dans n'importe quel magasin Home Depot. Vos anciens outils seront recyclés de façon sécuritaire par la Fondation Air Pur.

POUR EN SAVOIR PLUS :
- La Fondation Air pur :
416-922-9038, poste 244, www.cleanairfoundation.org
- Home Depot :
1-800-628-0616, www.homedepot.ca

Les avantages de la viande biologique

Ce geste ne permet pas vraiment de faire d'importantes économies, car il est clair que la viande biologique coûte plus cher que la viande traditionnelle. Ceci dit, la production de viande biologique pollue moins que toute autre forme de production.

Afin d'effectuer une transition souple et facile, on commence par acheter de la viande biologique une fois par semaine. Pour économiser un peu plus, on remplace, lors d'un autre repas, la viande par des légumineuses. L'économie d'un plat de viande vous permettra de compenser l'achat de la viande biologique.

L'élevage des animaux de l'agriculture biologique se fait sans pesticides, ni produits chimiques, ni médicaments, ni OGM. Les animaux sont élevés en liberté et nourris au grain. Vous remarquerez que les portions ne fondent pas à la cuisson et que la viande est plus savoureuse.

POUR EN SAVOIR PLUS :
• Équiterre :
www.equiterre.org/agriculture/informer6.php
• La ferme Morgan :
819-687-2434
www.fermemorgan.com/fr/pages/our_meat.html
• La ferme Le Crépuscule :
819-296-1321, www.fermelecrepuscule.com

Faire du lobbying auprès de son patron

Ce geste ne fera évidemment pas de vous l'employé modèle du mois, puisque la majorité des patrons reçoivent constamment des demandes de base concernant le travail. Mais pourquoi ne pas oser tâter le terrain et encourager votre patron à devenir plus vert? Vous pouvez lui expliquer qu'un tel comportement aura un impact positif sur l'entreprise et sur son image, et lui permettra de faire des économies à long terme. Les impacts positifs auprès des clients et des actionnaires seront innombrables, puisque l'environnement est sur toutes les lèvres en ce moment.

Par exemple, vous demandez à l'entreprise, par le biais de votre supérieur, de payer votre laisser-passer de transport en commun ou d'offrir une allocation aux employés qui viennent travailler à vélo. Pourquoi offrirait-on le stationnement gratuit aux employés qui se déplacent en automobile et rien aux autres?

Le gouvernement pourrait légiférer et rendre cette allocation non imposable, contrairement aux allocations automobiles.

Sinon, vous pouvez aussi prôner le covoiturage entre collègues. Le service Allego existe pour en faciliter la mise en place et pour promouvoir les moyens de transports alternatifs.

POUR EN SAVOIR PLUS :
• Le service Allego de l'Agence métropolitaine de Transport : www.allego.amt.qc.ca

Taxer les grosses cylindrées?

Posséder et conduire une voiture paraît tout à fait normal de nos jours. Mais les automobiles représentent une pollution importante dans le monde. La combustion de l'essence émet du gaz carbonique, donc des gaz à effet de serre. Les plus grosses cylindrées sont les plus polluantes. Plus votre voiture est puissante, plus elle consomme de l'essence, plus elle émet des GES.

Que faire pour résoudre ce problème? On peut bien sûr acheter de plus petites cylindrées. Mais une manière plus coercitive, qui toucherait directement le portefeuille des propriétaires de grosses voitures, pourrait être mise en place.

On pourrait taxer en supplément les propriétaires de grosses cylindrées et utiliser l'argent ainsi récolté pour financer le transport en commun.

Le Parti vert prône toute une série de mesures pour inciter un comportement plus écologique. On appelle ceci de la fiscalité écologique, ou éco-fiscalité. Les pollueurs seraient taxés, et ceux qui font un effort seraient récompensés. Ne serait-ce pas un juste retour des choses?

POUR EN SAVOIR PLUS:
• Le Parti vert:
www.pvq.qc.ca

Les électros au régime

La consommation énergétique des appareils électroménagers constitue 22 % de notre facture d'électricité. Cela vaut donc la peine de regarder attentivement les étiquettes lors de l'achat, et de suivre quelques règles visant à réduire leur consommation.

Bien entendu, il n'est pas question de vous encourager à mettre au rancart vos électroménagers. Il faut cependant faire attention à l'utilisation des vieux réfrigérateurs recyclés en « frigos à bière ». Plus l'appareil est âgé, plus sa consommation d'électricité est élevée. Avant de brancher et de faire fonctionner un deuxième réfrigérateur, demandez-vous si vous en avez vraiment besoin, car s'il est à moitié vide, il vous en coûtera une fortune pour faire refroidir quelques bouteilles. Employez le four à micro-ondes ou grille-pain pour réchauffer de petites quantités de nourriture. N'utilisez pas le four à micro-ondes pour cuire ou décongeler les aliments.

Utilisez une bouilloire au lieu de la cuisinière pour faire chauffer de l'eau.

POUR EN SAVOIR PLUS :
• Site de Ressources naturelles Canada sur les électroménagers :
www.oee.nrcan.gc.ca/equipment/francais

Halte aux fous du volant !

Si la voiture est une source de pollution importante (dans les pays industrialisés, 20 à 25 % des GES proviennent des automobiles[*]), il est cependant difficile de s'en passer, surtout si on habite à l'extérieur des milieux urbains. En attendant que l'industrie de l'automobile nous offre des voitures écolos, on peut cependant modifier sa manière de conduire pour diminuer l'impact négatif de l'utilisation de notre voiture. Cette manière de conduire s'adresse également aux conducteurs chanceux qui possèdent une voiture hybride. Elle leur permettra aussi de réduire leur consommation d'essence.

Tout d'abord, on s'assure du bon état de notre véhicule en l'entretenant régulièrement. On vérifie la pression des pneus. Sur la route, on respecte les limites de vitesse, et on évite de démarrer « en fou » et de freiner brusquement. En plus d'économiser de l'essence, on pourrait éviter une contravention coûteuse !

POUR EN SAVOIR PLUS :
• Centre d'expérimentation des véhicules électriques du Québec : 450-431-5744, www.ceveq.qc.ca
• Ministère du Développement durable et des Parcs du Québec : www.mddep.gouv.qc.ca/changements/ges/2003/index.htm

[*] Université de Sherbrooke, Benoit Lacasse, www.usherbrooke.ca/environnement/publications/ouvrages/essais_memoires/BLacasse.html

Non aux circulaires

Que ce soit par la poste ou par le biais du Publi-Sac, on reçoit beaucoup de publicité non sollicitée. Cela représente beaucoup de papier, donc d'arbres. Afin de limiter la diffusion et de faire savoir aux personnes responsables que ça ne nous intérese pas, on place un autocollant refusant les publicités sur sa boîte aux lettres.

Le Conseil régional de l'environnement de Montréal a calculé que, à Montréal seulement, chaque citoyen reçoit en moyenne 12,5 kilos par année de papier, et on ne parle ici que des Publi-Sacs. Le CRE-Montréal estime que c'est l'équivalent de la moitié de la forêt du parc du mont Royal qui y passe. C'est plus de 43 000 arbres qui sont donc nécessaires à la production de ces publicités. Celles-ci sont ensuite recyclées par le biais du ramassage hebdomadaire, qui coûte 100 $ la tonne de papier[*].

Vous pouvez contacter directement la compagnie Publi-Sac pour leur indiquer que vous ne voulez plus le recevoir. D'ailleurs, vous pouvez recevoir en ligne toutes les circulaires si vous tenez à être au courant des spéciaux. Mais ne l'imprimez pas, sinon vos efforts seront vains.

Si l'autocollant n'est pas respecté :
Publi-Sac : 514 331-1722
Autre publicité : 1 800 267-1177

POUR EN SAVOIR PLUS :
- Publi-Sac : 514-832-5099, www.publisac.ca
- Conseil régional de l'environnement de Montréal : www.cremtl.qc.ca

[*] Recyc-Québec. *Profil de l'industrie québécoise des matières résiduelles et du recyclage*, 1999.

Non aux nettoyants chimiques

La famille québécoise moyenne consomme chaque année entre 20 et 40 litres de produits nettoyants qui coûtent des milliers de dollars. Cela représente en moyenne 63 produits chimiques différents. Résultat: l'air ambiant de nos maisons serait de deux à cinq fois plus pollué que l'air extérieur, selon l'Agence américaine pour la protection de l'environnement (EPA).

L'un des impacts des produits nettoyants sur l'environnement est le déversement de phosphates dans les égouts, les lacs et les rivières. On retrouve surtout ces phosphates dans les détergents à lessive ou à lave-vaisselle.

Santé Canada mentionne d'ailleurs que l'exposition aux produits nettoyants peut être nocive pour la santé, puisque beaucoup d'entre eux sont corrosifs, inflammables, toxiques ou chimiquement réactifs. Santé Canada souligne aussi que l'ingestion accidentelle de produits nettoyants constitue un grave problème chez les enfants.

En effet, de nombreux accidents domestiques surviennent à cause de produits mal entreposés et mal utilisés. Si vous devez absolument en faire l'usage, apportez les contenants vides dans un écocentre, une fois l'utilisation terminée. Votre famille et votre environnement ne s'en porteront que mieux.

POUR EN SAVOIR PLUS:
• Office de l'efficacité énergétique de Ressources naturelles Canada: 1-800-387-2000, www.oee.rncan.gc.ca
• *Le Guide d'assainissement de l'air* de la SCHL: 1-800-668-2642, www.cmhc-schl.gc.ca/fr/co/index.cfm
• Le guide *Maison propre et jardin vert, guide d'entretien ménager et de jardinage*, publié par la Ville de Montréal, accessible sur Internet: http://ville.montreal.qc.ca/pls/portal/docs/PAGE/PES_PUBLICATIONS_FR/PUBLICATIONS/MAISON_PROPRE_JARDIN_VERT.PDF

Non à la deuxième voiture

Déménager en banlieue lorsqu'on habite un centre urbain peut s'avérer une solution pratique et surtout économique pour de nombreux Québécois. À long terme, il est loin d'être évident qu'un tel choix de vie engendre des économies. Trop souvent, l'éloignement du lieu de travail signifie l'achat d'une deuxième voiture. Lorsque les gens habitent en couple, l'un a besoin de la voiture pour aller au travail, l'autre en a parfois besoin à la maison, ou encore, son lieu de travail est situé à l'opposé de celui du conjoint… Si on veut éviter d'acheter une deuxième voiture, quelle est la solution ?

On peut s'arranger avec son conjoint pour le conduire au travail, les journées où on a besoin de l'automobile. Pas toujours pratique ni écolo, cependant. Pour les personnes qui demeurent dans les endroits desservis par Communauto, il peut être très pratique de s'abonner à ce service de partage d'automobiles. Lorsque vous en avez besoin, vous réservez une voiture par Internet ou par téléphone, pour une période de 30 minutes, 8 heures ou une journée.

Le seul hic, pour le moment : le service de Communauto n'est offert que dans les grands centres urbains et pas dans les petites villes de banlieue. C'est vrai que les gens qui y résident possèdent souvent plusieurs voitures. Mais y offrir ce service ne leur permettrait-il pas d'avoir le choix d'acheter ou non une deuxième voiture ?

POUR EN SAVOIR PLUS :
• Communauto :
Montréal : 514-842-4545
Québec : 418-523-1788
Sherbrooke : 819-563-9191
Gatineau : 819-595-5181
www.communauto.com

Tout le monde au jardin!

Peut-être avez-vous vécu l'expérience d'avoir un jardin familial durant votre enfance. Quel plaisir que celui de manger des fruits et des légumes fraîchement cueillis! Quelle agréable sensation que celle de choisir dans le jardin le menu du soir! Vous pouvez revivre ce bonheur. Évidemment, cela demande quelques efforts, mais imaginez le plaisir de déguster vos propres tomates, concombres et fraises! En plus, ces fruits et légumes ne vous auront presque rien coûté, sinon le plaisir de les planter, de les arroser et de les voir pousser.

Même si vous habitez en ville et n'avez accès qu'à votre petit balcon, préparer son propre potager est possible. On peut utiliser des bacs en bois ou des pots à fleurs.

Si l'on veut vraiment économiser, on plante ses semences à l'intérieur, au début du printemps. Lorsque les dernières gelées sont passées, on transplante les pousses à l'extérieur. Le truc est de commencer petit, puis d'agrandir au fil des années. Un pied de tomates, quelques fines herbes, puis, l'année suivante, des concombres, des poivrons, etc.

De nombreux guides existent pour nous aider. On peut aussi acheter des semences biologiques et utiliser notre compost pour enrichir le sol. On en devient pratiquement autosuffisant!

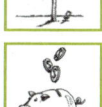

Alimentation

> **POUR EN SAVOIR PLUS:**
> • Les Jardins de l'Écoumène (semences biologiques): www.ecoumene.com
> • Le Regroupement pour le jardinage écologique: www.rje.qc.ca

Vive la récup' d'enveloppes

Consommation

Combien d'enveloppes recevez-vous chaque mois ? De moins en moins, mais encore quelques-unes. Au lieu de les mettre au recyclage après usage, pourquoi ne pas les récupérer ? Pour les réutiliser (on colle une étiquette blanche et on écrit l'adresse), pour y classer des factures (on y écrit le type de facture), pour prendre des notes (on les laisse à côté du téléphone).

Si vous recevez de grandes enveloppes, gardez-les également pour les réutiliser. Ce sont des enveloppes qui coûtent plus cher à l'achat.

Les enveloppes matelassées aussi. Si vous n'en faites aucune utilisation mais que vous en recevez, pourquoi ne pas les donner à une maison d'édition qui envoie régulièrement des livres dans de telles enveloppes ? Les éditions Écosociété récupèrent les enveloppes matelassées pour leurs envois de livres. Informez-vous auprès d'autres maisons d'édition ou organismes qui pourraient en avoir besoin.

Vous vous inquiétez de l'impression que vous laisserez chez le destinataire si vous utilisez des enveloppes récupérées ? Demandez-vous ce qui est le plus important : le contenant ou le contenu ? Et puis, portez-vous une attention à l'enveloppe lorsque vous en recevez ?

POUR EN SAVOIR PLUS :
• Les éditions Écosociété :
www.ecosociete.org

Besoin de ce nouveau gadget ?

Notre société est à l'ère des nouvelles technologies. Ces dernières évoluent à la vitesse grand V. Chaque semaine, les commerçants nous proposent un nouvel accessoire, un nouveau gadget. Le nouveau Ipod, Iphone, ordinateur portable, téléphone cellulaire, et j'en passe. D'ailleurs, ces accessoires seront sûrement déjà désuets à la parution de ce livre…

Pourquoi changer de téléphone portable et d'ordinateur si souvent. Pourquoi acheter le nouveau gadget ? Il est d'ailleurs recommandé de ne jamais acheter la première version d'un nouveau type d'appareil. Il est préférable attendre que le produit fasse ses preuves. D'autres se font alors avoir par les défauts des premières versions.

En plus, on paye pour la nouveauté. Le prix des appareils dernier cri est toujours élevé. Vous rappelez-vous du prix des lecteurs de DVD lors de leur première mise en marché ?

Votre patience vous récompensera en argent comptant !

Consommation

Le frigo au repos

Le réfrigérateur accapare 11 % de la consommation d'énergie totale de votre foyer*. Il s'agit d'un appareil doté d'un moteur qui fonctionne en permanence ou presque pour engendrer et conserver le froid. Vous ne vous en apercevez pas tout le temps, mais le réfrigérateur consomme.

Il est donc primordial de limiter le fonctionnement du moteur. On lui facilite ainsi la vie. Il faut éviter de rester de longues heures devant le frigo ouvert, à se demander ce que l'on va manger. Durant ce temps, l'air froid s'en échappe. On laisse les restes ou les plats chauds refroidir à l'extérieur avant de les mettre dans le réfrigérateur. Le fait qu'ils soient chauds va engendrer une surconsommation d'électricité. Un petit truc simple qui peut engendrer des économies importantes.

POUR EN SAVOIR PLUS :
• Power Wise (site ontarien sur la consommation des électro-ménagers) :
www.powerwise.ca/french/index.shtml

* www.ecoaction.gc.ca/news-nouvelles/20070121-3-fra.cfm

Vive le solaire!

Pourquoi ne pas avoir développé l'énergie solaire plus tôt? Bonne question. N'est-ce pas formidable d'utiliser l'énergie du soleil, tout à fait gratuite, pour alimenter nos appareils électriques? Si, présentement, il est assez dispendieux d'installer des panneaux solaires sur le toit pour alimenter la maison, il existe tout de même de plus en plus de petits appareils qui fonctionnent grâce à l'énergie solaire. Les lampes de jardin, fours solaire, radios, lampes, calculatrices, par exemple. Ces appareils coûtent peut-être un peu plus cher à l'achat, mais pensez aux nombreuses économies futures.

Avant d'acheter un tel appareil, il faut cependant bien se renseigner sur la pile qui va stocker l'énergie solaire. Cette pile doit être de longue durée. Il faut donc se procurer des appareils durables et bien fabriqués. Oubliez le bon marché!

La firme Voltaic propose même des sacs dotés de panneaux solaires servant à recharger les piles de vos appareils électroniques.

Énergie

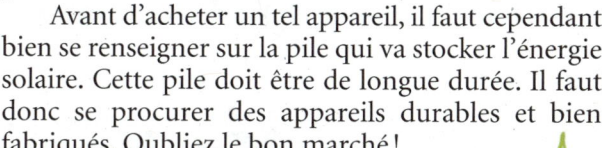

POUR EN SAVOIR PLUS:
• Énergie Solaire Québec:
www.esq.qc.ca
• Voltaic:
www.voltaicsystems.com
• Grains d'soleil:
www.grainsdsoleil.com

Jumeler plantes et légumes

Vous avez sûrement entendu parler de la technique du compagnonnage qui permet d'éloigner certains insectes et évite ainsi l'utilisation de pesticides. Cette technique consiste à planter côte à côte des plantes et des légumes dont la nature est «compatible». Ainsi, ceux-ci contribuent à la croissance les uns des autres.

Par exemple, les pommes de terre souvent ravagées par les doryphores aiment à être plantées à côté du lin, qui éloigne ces petites bêtes.

En plus d'enjoliver votre potager, cette technique vous permettra d'économiser de l'argent, car les pesticides coûtent cher. La plupart sont même interdits.

POUR EN SAVOIR PLUS :
• La Coalition pour les alternatives aux pesticides d'Équiterre : www.equiterre.qc.ca
• Un document très intéressant et descriptif :
http://bv.cdeacf.ca/RA_HTML/78128.htm#_Toc168383392

Haro sur les bouteilles d'eau

Les bouteilles d'eau en plastique suremballées ne représentent pas le bien-être, mais le gaspillage. Et le pire qui soit. Ces bouteilles d'eau représentent aussi la commercialisation de l'eau, un bien qui vient de la terre et qui appartient à tout le monde. Savez-vous que l'eau que vous achetez en bouteille provient bien souvent de la distribution publique, c'est-à-dire du robinet?

Et pourquoi acheter de l'eau en bouteille? On paye déjà pour le traitement de l'eau du robinet. Pourquoi ne pas la boire et ainsi éviter de gaspiller des milliers de bouteilles en plastique, sans parler de notre argent? On paye pour l'eau du robinet, et on paye encore pour de l'eau en bouteille, qui coûte parfois plus cher que le lait!

Oui, les bouteilles en plastiques sont recyclables. Mais il est tout de même préférable de ne pas avoir à les recycler, d'utiliser des contenants réutilisables. La production du plastique est polluante, autant l'éviter lorsque c'est possible. Remplir un contenant réutilisable d'eau du robinet constitue la meilleure solution.

« Alors que l'eau minérale en bouteille n'est souvent pas plus saine que l'eau du robinet dans les pays industrialisés, elle peut coûter jusqu'à 10 000 fois plus cher si l'on tient compte de l'énergie utilisée pour la mise en bouteilles, les livraisons et l'éventuel recyclage des contenants[*]. »

POUR EN SAVOIR PLUS :
• La coalition Eau secours : www.eausecours.org
• Earth Policy Institute : www.earth-policy.org

---

[*] Emily Arnold, auteure de l'étude sur l'eau publiée par l'Earth Policy Institute.

Non au sac plastique

Consommation

On en entend parler depuis quelques années. Plusieurs ont pris l'habitude de transporter leurs courses dans des sacs réutilisables. Les possibilités sont multiples : sac en plastique recyclé, sac en tissu, sac en matières mélangées, sac fait au Québec, sac fait en Chine. Le premier est plus cher que le second. Cependant, certains commerces vous donnent un sac si vous achetez pour un certain montant. Un exemple : Les magasins Aliments Merci. Mais le sac donné est fabriqué au Pakistan.

Le principe de base, peu importe où est confectionné le sac réutilisable, est de refuser les sacs en plastique à l'épicerie et dans tout autre magasin, en espérant qu'il soit un jour interdit de les fabriquer et de les mettre en circulation.

Existe-t-il un sac idéal ? Celui qu'on réutilise. Celui qui permet d'éviter les sacs en plastique. Mais il n'est pas évident que la solution fonctionne. En 16 ans de vente de sacs réutilisables, la Liquor Control Board of Ontario (LCBO) n'a pas réussi à diminuer son utilisation de sacs en plastique. Que faire ? Il faudra réglementer, comme en Irlande, et interdire les sacs en plastique. Quant aux sacs biodégradables, ils constituent une solution de rechange, mais pas une solution permanente. Certains types ne se recyclent pas et laissent des produits chimiques dans le sol en se dégradant.

POUR EN SAVOIR PLUS :
Sacs fabriqués au Québec :
• La compagnie Critéria : www.criteria.ca
• Direction vert : www.directionvert.com
• Petites mains : www.petitesmains.com
Étude comparative de Recyc-Québec sur les sacs d'emplettes :
www.recyc-quebec.gouv.qc.ca/upload/Publications/zzRap_Ut856.pdf

Des couleurs naturelles pour nos cheveux

Depuis la nuit des temps, les femmes se teignent les cheveux. La mode et la technologie font qu'on peut changer de couleurs comme bon nous semble. Même les hommes se mettent à se teindre les cheveux pour éviter les tempes grisonnantes. Mais les produits de coloration ne sont pas très bons tant pour l'environnement que pour les êtres humains. En effet, de nombreux produits chimiques les composent. Quant aux colorations dites naturelles, elles ne le sont pas toutes. Il faut lire les étiquettes pour vérifier la composition du produit.

La solution est donc d'utiliser des teintures avec des colorants végétaux, en particulier les produits de la compagnie allemande Logona, la seule spécialisée dans les colorants végétaux réellement naturels. Le colorant végétal le plus connu reste le henné que l'on retrouve dans de nombreux magasins d'aliments naturels.

POUR EN SAVOIR PLUS :
• Stiens, Rita. *La vérité sur les cosmétiques naturels*, Paris, Leduc.S Éditions, 2007, 43,95 $.
• La compagnie Logona
www.logona.de

Petit jardin à la maison

Plusieurs graines germées, comme la luzerne, agrémentent de belle manière une salade. Si vous pouvez acheter ces graines dans les fruiteries et supermarchés, vous pouvez aussi les faire pousser chez vous. Assez simple. Vous évitez ainsi de vous encombrer des contenants de plastique dans lesquels ces pousses sont vendues.

Peu de matériel est nécessaire pour réussir la germination. Souvent, un endroit ensoleillé, des graines et une machine à germer vendue dans de nombreuses boutiques d'aliments naturels feront l'affaire.

Vous obtiendrez ainsi rapidement et à moindre coût des aliments savoureux.

POUR EN SAVOIR PLUS :
• Alimentation Optimal (cliquez sur Guide de la germination) :
www.alimentationoptimal.com
• Tropicaflore – Guide de la germination :
www.tropicaflore.com

Vive le partage et la location !

Entretenir une maison et un terrain nécessite de l'outillage. Outre le fait que cet outillage coûte cher à l'achat, il faut de l'espace pour l'entreposer. Pas toujours pratique. Je vous propose deux solutions de rechange qui permettent de limiter l'achat d'outils et de vous faire économiser.

Si on consomme moins, on fabrique moins. On peut d'abord acheter ses appareils en commun avec des voisins et amis. L'un peut acheter la tondeuse, et l'autre, le coupe-bordures.

Pour les autres appareils, tels que la sableuse, la scie, la tronçonneuse et bien d'autres, on peut simplement les louer.

POUR EN SAVOIR PLUS :
• Simplex, entreprise québécoise de location d'outils :
www.simplex.ca

Achetez usagé

Lorsque vous rénovez, pensez à acheter des matériaux et accessoires usagés dans les marchés aux puces, les ventes de garage et les vieilles quincailleries. En plus de donner un certain cachet à votre maison, cet exercice vous permettra d'économiser quelques centaines de dollars.

L'une de mes amies en a fait l'expérience. Elle devait remplacer les portes de son condo. Il ne s'agissait pas d'une construction neuve. Lorsque le temps est venu d'acheter les poignées et les serrures, elle s'est aperçue que le prix du neuf était élevé, sans compter que la qualité du produit semblait très moyenne. Qu'à cela ne tienne, elle s'est rendue au marché aux puces Saint-Michel et y a trouvé de superbes poignées datant d'une autre époque, auxquelles il manquait cependant des morceaux. Le petit vieux qui tient la quincaillerie du coin lui a trouvé tout ce dont elle avait besoin dans son fourbi.

Transposez cet exemple à divers objets et situations, et vous constaterez que la solution se trouve bien souvent dans l'usagé, souvent plus beau que le neuf, moins cher, et qui augmentera de 10 % la valeur de votre maison.

POUR EN SAVOIR PLUS :
• Marché aux puces Saint-Michel (du vendredi au dimanche) :
3250, boul. Crémazie Est, Montréal, 514-721-7701
• Éco-réno :
6631, avenue Papineau, Montréal
514-725-9990, www.ecoreno.com
• Spazio, antiquités architecturales :
8405, boul. Saint-Laurent, Montréal
514-384-4343, www.spazio.ca

Ventes de garage

Il est de bon augure de faire le grand ménage une fois par année. On accumule tellement de choses. L'une des solutions est de donner votre surplus aux organismes de charité. Mais vous pouvez aussi organiser des ventes de garage avec vos voisins, c'est plus agréable. C'est une manière de donner une deuxième chance à un objet tout en gagnant quelques dollars.

Par ailleurs, vous pouvez aussi courir les ventes de garage pour trouver de magnifiques aubaines.

Si Internet vous interpelle plus, vendez ou achetez sur Ebay, ou sur d'autres sites Internet. Il existe aussi le système Freecycle, qui favorise les échanges d'objets. Une bonne manière de faire circuler les possessions sans trop dépenser et de réduire la consommation de la planète.

En passant, saviez-vous qu'en France les ventes de garage s'appellent des « vide-grenier » ? Comme quoi, d'un pays à l'autre, on ne garde pas ses vieilleries au même endroit.

> **POUR EN SAVOIR PLUS :**
> • Pour tout savoir sur les ventes de garage :
> www.ventedegarage.ca
> • Ebay :
> www.ebay.ca
> • Freecycle :
> www.freecycle.org
> • Pour Montréal :
> http://ca.groups.yahoo.com/group/freecyclemontreal/

Peinture écolo

Du côté de la peinture, on évite celle à l'huile et on lui préfère celle au latex sans COV. Autre solution écologique, la peinture recyclée Boomerang. Moins chère et confectionnée à partir de restes de peinture qui contiennent un peu de COV. Une solution très intéressante, car plus économique. En vente chez Réno-dépôt, Rona et dans les friperies Renaissance. Les produits Éco-sélection, des huiles et des cires naturelles, fabriquées au Québec, se trouvent chez Éco-Réno et à la Coop La Maison Verte. On peut aussi les commander directement sur Internet.

Par ailleurs, lorsque vous nettoyez vos pinceaux, ne le faites pas dans un évier, employez plutôt un contenant. La peinture ne devrait pas se retrouver dans le système des eaux usées.

De plus, n'oubliez pas que tout reste de peinture et contenants vides sont des résidus domestiques dangereux. Il est donc interdit donc de s'en débarrasser en les jetant. Les magasins Rona et Réno l'entrepôt les reprennent, de même que les éco-centres.

Dans le doute, on vérifie avec les organismes Peintures récupérées du Québec ou Éco-peinture.

POUR EN SAVOIR PLUS :
• Éco-peinture :
514-426-0880
• Peintures récupérées du Québec inc. :
819-758-5497, www.peinture.qc.ca
• La peinture reyclée Boomerang :
www.peintureboomerang.com
• Les produits Éco-sélection :
www.ecoselection.com

Verdir, fleurir

Énergie

L'été approche, avec ses périodes de chaleur intense. Si l'envie vous prend d'asphalter votre cour, n'y succombez pas. Asphalter sa cour ou son entrée de garage peut paraître bien pratique, mais cela augmentera le niveau de chaleur d'une résidence durant les périodes de canicule, puisque l'asphalte absorbe l'énergie du soleil pour la rejeter ensuite. Ce n'est donc pas un moyen de trouver de la fraîcheur.

Vous souffrez de la chaleur estivale? Si vous habitez en ville, c'est encore pire. Le béton et l'asphalte urbains ne sont pas reconnus pour leurs propriétés rafraîchissantes. Les îlots urbains sont des endroits spécifiques en ville où la température est plus élevée que dans l'environnement immédiat. Elle peut varier de 2 à 8 degrés entre Montréal et la banlieue. On note même des variations notables entre certains quartiers montréalais. Si vous avez l'impression d'avoir moins chaud lorsque vous vous promenez au Jardin botanique ou dans le parc du mont Royal, vous avez tout à fait raison. La cause de ces variations? Ces îlots formés de béton et d'asphalte qui absorbent puis rejettent une chaleur étouffante, surtout durant la nuit.

Que faire? Verdir! Planter des arbres, faire grimper de la vigne sur les murs, remplacer l'asphalte par de l'herbe, fleurir les balcons. Plantez plutôt un arbre, un feuillu qui vous protégera du soleil en été, absorbera le gaz carbonique et enjolivera le paysage.

Ne goudronnez pas votre cour arrière ou votre entrée de garage. Laissez-y le gazon, les plates-bandes, les arbres, les fleurs. C'est la meilleure façon de passer l'été au frais!

POUR EN SAVOIR PLUS:
• Conseil régional de l'environnement de Montréal:
www.cremtl.qc.ca

Vive les plantes!

Les huiles essentielles proviennent des plantes. Très naturel. Sauf qu'il faut bien les connaître, car naturel ne veut pas nécessairement dire inoffensif.

Chaque huile essentielle possède ses propres caractéristiques. Celles-ci varient selon l'espèce botanique de la plante. Certaines huiles s'avèrent très bénéfiques pour intégrer du naturel à ses soins corporels. La phytothérapie ou l'aromathérapie sont de plus en plus populaires dans le domaine des produits de beauté.

Il existe sur le marché une gamme de plus en plus vaste de produits de beauté à base d'huiles essentielles.

On peut également les fabriquer soi-même. On se procure une huile végétale neutre dans laquelle diluer vos huiles essentielles. On peut opter pour l'huile de germe de blé, ou l'huile d'amande douce, et on y mélange les huiles essentielles qui constitueront notre pharmacie de base.

Attention! Les huiles essentielles se conservent à l'abri de la lumière. Étant donné leur prix, on les bichonne!

POUR EN SAVOIR PLUS:
• Site du naturopathe Pierre Ausloos: www.aromalves.com
• Dr Hauschka: www.spadrhauschka.com
• L'ouvrage d'Hélène Berton: *Les huiles essentielles pour la peau – une saine alternative cosmétique*, Aroleome éditeur, 2007, 21,95 $. L'auteure y explique la fabrication maison de produits cosmétiques simples, naturels et efficaces.

Jetez des arbres aux toilettes

Chaque fois que l'on va aux toilettes, on jette l'équivalent de quelques branches d'arbre dans la cuvette. On n'a pas vraiment le choix. Mais pour éviter ce gaspillage de nos forêts, vous pouvez acheter du papier hygiénique en papier recyclé. Présentement, le seul papier hygiénique recyclé disponible sur le marché est celui de la compagnie Cascades.

Aux fins de discussion et pour vous faire réfléchir, il existe une autre solution. Si vraiment vous voulez être «écolo extrême», vous pouvez utiliser une lingette lavable.

Il existe des gens qui le font. Rien de dégoûtant. Il faut simplement le vouloir. C'est logique. D'ailleurs, comment les parents nettoient-ils les fesses de leur bébé? Imaginez l'économie de papier hygiénique!

J'ai rencontré une écologiste des Laurentides qui utilisait cette méthode. Mariannick Chiroux en fait beaucoup pour la planète, et elle ne peut supporter de gaspiller du papier pour un tel usage. Elle garde cependant toujours un rouleau de papier hygiénique pour les visiteurs!

Consommation

POUR EN SAVOIR PLUS :
• Cascades : www.cascades.ca
• Le guide de Mariannick Chiroux, *Le recyclage au quotidien*, 4 $.
Un petit guide qui dispense des idées de récupération dans la maison et au jardin.
On se le procure en contactant l'auteure au 450-226-2455 ou par courriel : conscienceprenatale@yahoo.fr

Le geste de Jacques Languirand,
animateur et philosophe

La chaleur est parfois étouffante au Québec. Certaines journées d'été s'avèrent pénibles. Mais je tiens tout de même à ne pas utiliser l'air climatisé, trop polluant. Alors, on ferme les rideaux et les fenêtres durant la journée pour tout ouvrir durant la nuit.
On a chaud mais on fait notre petite part… pour la planète !

L'été

Déodorant écolo

Le sujet est d'actualité surtout en été lorsqu'on transpire abondamment. Comme la majorité des produits d'entretien, les déodorants contiennent des composés chimiques. Depuis peu, la compagnie Druide a mis sur le marché des déodorants certifiés biologiques, comme la majorité de leurs produits, d'ailleurs. Vous trouverez également des déodorants naturels dans la plupart des magasins d'aliments naturels.

Mais il existe une autre solution, écologique et très économique : la pierre d'alun. Vous l'humectez puis la passez sous le bras. Le tour est joué. En effet, une pierre coûte entre 5 et 10 $ et dure plus de cinq ans.

Un hic cependant, si vous transpirez beaucoup, ce produit pourrait ne pas vous convenir.

POUR EN SAVOIR PLUS :
• Armenza :
www.armenza.com/deodorant-pierre-alun-120g-p-406.html
• Verdan :
www.verdan.net/pierre-alun.html
• Druide :
www.druide.ca
• La Coop la Maison Verte :
www.cooplamaisonverte.org

Non aux pesticides

Les pesticides coûtent cher à l'achat. Ils peuvent aussi coûter cher à l'utilisation, puisque nombre d'entre eux sont interdits. Les études d'Environnement et Santé Canada confirment le danger que représentent ces produits, tant pour les humains – surtout les enfants – que pour la nature et l'eau.

Par ailleurs, comme le mentionne Équiterre, même les pesticides homologués représentent un danger[*].

Le temps des pelouses parfaites est donc révolu. Oubliez la culture unique, variez, faites place à la pelouse mixte avec du trèfle, des fleurs, etc. Et surtout, n'utilisez plus aucun produit.

Des solutions existent pour prévenir et contrer les invasions d'insectes en tous genres. Parfois, il suffit de mettre la bonne plante au bon endroit, plutôt que de tenter de la faire survivre à un endroit inapproprié.

Équiterre a repris les activités de la Coalition pour les alternatives aux pesticides qui avait mis sur pied la certification Horti-Éco. Elle garantit que les horticulteurs qui obtiennent cette certification emploient des procédés respectueux de l'environnement et des écosystèmes.

Pourquoi ne pas redonner un peu de lustre à la fleur de pissenlit ? Elle n'est pas si laide que ça, finalement.

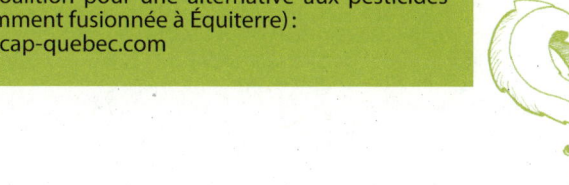

POUR EN SAVOIR PLUS :
• La Coalition pour une alternative aux pesticides (récemment fusionnée à Équiterre) :
www.cap-quebec.com

[*] Équiterre – L'agriculture écologique,
www.equiterre.org/agriculture/horticulture/informer.php

Petits pots maison

Alimentation

Bien nourrir son bébé est un souci constant pour les nouveaux parents. On veut lui donner les meilleurs produits possible. Il existe sur le marché des aliments biologiques pour bébé. Ils coûtent cependant un peu plus cher que les produits traditionnels.

Si vous n'avez pas le temps de cuisiner, c'est la solution. Certains sont vendus congelés, ce qui en facilite la conservation et l'utilisation.

Mais vous pouvez également fabriquer vous-même vos petits pots biologiques, en préparant des purées de toutes sortes que vous congelez ensuite dans des contenants pour faire les glaçons. Il existe aussi des contenants plus gros pour congeler des portions normales. Une fois que la purée est congelée, vous placez les cubes dans des sacs plastiques refermables (que vous lavez pour les réutiliser). Vous étiquetez et le tour est joué.

Vous pouvez vous regrouper entre parents chaque mois. Un peu le même modèle que la cuisine collective, mais pour bébé !

POUR EN SAVOIR PLUS :
• Santé Montréal :
www.santemontreal.qc.ca
• La mère poule :
www.merepoule.com
• Le magazine Web PetitMonde et ses conseils :
Purées pour bébé : les faire ou les acheter ?
www.petitmonde.com/Doc/Chronique/Purees_pour_bebe_les_faire_ou_les_acheter
• Louise Lambert-Lagacé, *Comment bien nourrir mon enfant*, Montréal, Les Éditions de l'Homme, 2007 :
www.louiselambert-lagace.ca
• *Mieux vivre avec notre enfant de la naissance à deux ans*, Institut National de la Santé publique du Québec, 2007, disponible gratuitement en format PDF sur Internet :
www.inspq.qc.ca/MieuxVivre/

Épiler sans douleur… financière

Quelle femme ne subit pas la loi du corps sans-poil ? Certaines décident d'y résister et laissent les poils pousser. Mais si on veut se faire épiler sans trop gaspiller, comment faire ?

Car l'épilation à la cire génère des déchets avec ses bandelettes jetables, les crèmes dépilatoires sont très chimiques, le rasoir n'est pas très pratique.

Que faire ? Pour les plus riches, on choisit le laser ou l'électrolyse. Pour cette dernière méthode, on vérifie que son esthéticienne réutilise la même aiguille pour chacune de nos sessions. Toutefois ces méthodes vous permettront d'économiser à long terme.

Afin d'économiser, il existe une autre solution pour l'épilation des jambes. Une petite machine, l'épilateur, un « arrache-poils » électrique. Nécessitant un investissement de moins de 100 $, vous pourrez l'utiliser durant de très nombreuses années.

Beauté

POUR EN SAVOIR PLUS :
• Pour trouver un épilateur électrique, Boutik Electrik :
www.boutikelectrik.com

Cuisiner en groupe

Parfois, surtout lorsqu'on vit seul, on ne cuisine pas. Le fait de manger seul, de devoir préparer une seule portion, etc., nous incite plutôt à aller au restaurant ou à manger des produits surgelés moins nutritifs.

Pourquoi ne pas cuisiner à plusieurs ? On achète des produits de saison, locaux et biologiques si possible. En groupe, ça coûte moins cher, et ça permet d'avoir de bons repas qu'on peut congeler.

Le Regroupement des cuisines collectives du Québec (RCCQ) peut vous aider à vous organiser. Il s'agit d'un organisme à but non lucratif qui vise l'émergence des cuisines collectives. Son objectif : l'autonomie, la prise en charge et la justice sociale.

Par ailleurs, en 2005, le RCCQ s'est associé avec Équiterre et son programme d'Agriculture soutenue par la communauté. Plusieurs cuisines collectives s'approvisionnent directement auprès d'agriculteurs biologiques et cuisinent des repas bios et moins chers. Oubliez donc la légende urbaine qui veut que l'on doive être riche pour manger bio ! Ces groupes cuisinent des plats dont le coût varie de 0,50 $ à 1,57 $ par portion[*].

POUR EN SAVOIR PLUS :
• RCCQ :
514-529-3448, www.rccq.org

[*] RCCQ : www.rccq.org/autonomie/ferme.html

Commerce équitable :
Comment ne pas se faire avoir

Le commerce équitable s'étend à l'ensemble de notre consommation quotidienne. Parmi les produits équitables, on retrouve café, thé, sucre, cacao, épices, riz, vin, artisanat et bien d'autres choses. L'objectif du commerce équitable est de payer un prix juste au producteur et d'éviter les intermédiaires qui augmentent le prix du produit.

De plus, une prime dont le montant équivaut à 10 % du prix à l'exportation est versée à la coopérative d'agriculteurs des pays d'origine des produits concernés.

Mais attention, plusieurs commerçants utilisent le mot « équitable » pour justifier une augmentation de leurs prix. Par exemple, on ne devrait jamais payer une livre de café équitable plus de 12 $. Pour votre information, elle se vend 9 $ au Café Rico à Montréal, le pionnier du café équitable au Québec. Ce commerçant s'approvisionne directement auprès du producteur. Même chose pour le café d'Équita, la branche d'Oxfam Québec qui s'occupe du commerce équitable.

Alors, soyez vigilants. Recherchez le logo de Transfair Canada pour vous assurer d'acheter de véritables produits équitables, et méfiez-vous des prix exorbitants. Le prix juste n'est pas nécessairement excessif.

POUR EN SAVOIR PLUS :
• Transfair Canada :
1-888-663-FAIR, www.transfair.ca
• Équita : www.equita.qc.ca
• Le Café Rico : www.caferico.qc.ca

Chauffer sa maison avec la terre

La géothermie permet de réaliser d'importantes économies d'énergie, sans gaspillage ni pollution. L'investissement de base, cependant, est important.

Ce système utilise la chaleur enfouie profondément dans le sol à l'aide d'un système de tuyauterie installé par forage. En été, on l'inverse pour rafraîchir les résidences. Méconnu, ce type d'énergie propre ne s'adresse pas à toutes les bourses. L'investissement est important, mais engendre des économies substantielles. L'installation d'une thermopompe standard coûte 15 000 $, comparativement à 25 000 $ pour un système géothermique. C'est le forage qui est dispendieux. Par la suite, vous économisez sur votre facture annuelle. La différence de 10 000 $ se récupère en sept ans, environ. Si vous faites construire une maison, vous pouvez choisir de consacrer une partie du budget à l'installation d'un système géothermique et d'équilibrer les coûts en réduisant le montant des dépenses allouées à la décoration, par exemple.

On peut donc réduire sa facture d'électricité de 50 %, tout en améliorant la qualité de l'air de sa maison. Il est moins cher et plus facile d'adopter ce système lors de la construction d'une maison, plutôt que de le faire installer dans une habitation existante.

POUR EN SAVOIR PLUS :
• Hydro-Québec et la géothermie :
www.hydroquebec.com/residentiel/geothermie/index.html
• La coalition canadienne de l'énergie géothermique :
www.geo-exchange.ca
• Le Groupe Géothermie Québec :
www.geothermie.qc.ca

Non aux contenants individuels !

La consommation a changé au fil des années, s'adaptant aux nouvelles réalités de la vie quotidienne. Les familles sont moins nombreuses, on vit plus vite, on a besoin d'objets pratiques. Sont donc apparus les contenants individuels, les biscuits, jus et autres emballés individuellement. Pratique peut-être, mais générant une quantité importante de déchets, sans compter la dépense d'énergie et de ressources pour les fabriquer.

Si vous prenez un litre de lait et le comparez à un litre de lait en contenants individuels, combien de déchets obtiendrez-vous au final ? Imaginez la montagne de déchets générée par les petites crémettes individuelles ! Le même exemple peut s'appliquer au jus, au fromage, au sucre, etc. Et ces contenants coûtent plus cher.

À la maison, remplacez tout contenant individuel par des contenants plus gros. Au travail, suggérez de remplacer les contenants individuels de lait, crème et sucre par des contenants en vrac.

De beaux meubles

L'achat de meubles peut contribuer grandement à l'augmentation de la quantité de déchets envoyés aux sites d'enfouissement. D'ailleurs, les trottoirs ne sont-ils pas encombrés de meubles usagés en tous genres, lors de la journée des déménagements du 1er juillet au Québec? Un gaspillage éhonté de ressources, alors que certains ont de la difficulté à se meubler.

De plus, il arrive que des meubles à petit prix et de moindre qualité se dégradent rapidement. Pourquoi ne pas opter pour des meubles usagés, ou encore pour des meubles de qualité que l'on gardera longtemps? N'avez-vous jamais récupéré un meuble chez un grand-parent parce qu'il vous rappelait de beaux souvenirs?

Lorsqu'un meuble nous semble trop vieux, on peut aussi lui faire subir une transformation.

Les Ateliers St-Joseph, pionniers dans le domaine du meuble écologique, privilégient le «sur mesure», après avoir lancé, sans succès, deux lignes de meubles. L'Atelier de meubles et de recyclage Ahuntsic-Cartierville (AMRAC) fabrique aussi des meubles en bois certifiés par le FSC (Forest Stewardship Council du Canada) ou en fibre de blé. Deux collections sont offertes, Rustique et Trigo, disponibles à la Boutique Bois Urbain. L'atelier, qui est une entreprise d'insertion sociale, procède aussi à la récupération de meubles usagés afin de les restaurer et de les revendre dans son magasin, Bric-à-Brac. L'AMRAC offre également des services de restauration et de décapage. Quant à la compagnie ZED recyclage décoratif, ses meubles sont confectionnés à partir de bois et d'éléments architecturaux récupérés. Les sœurs Marie-Sophie et Élise Thibault, ébénistes, proposent quelques modèles, mais fabriquent surtout des meubles haut de gamme sur commande. Faits à partir de bois récupéré (vieilles portes, fenêtres et planchers), ces meubles uniques s'adaptent à votre décor.

Plusieurs autres magasins se spécialisent dans les matériaux récupérés, recyclés et patrimoniaux. Le plus connu est Éco-Réno, qui vend des portes, fenêtres, baignoires, vitraux, poignées, serrures, pentures, etc. Le magasin Spazio, antiquités architecturales regorge de meubles et d'objets transformés. On peut aussi y trouver des clous d'origine, des poignées en tous genres, de vieilles clefs et bien d'autres trésors.

POUR EN SAVOIR PLUS :
• Éco-Réno :
6631, avenue Papineau, Montréal
514-725-9990, www.ecoreno.com
• Les Ateliers St-Joseph :
418-365-7821, www.atestjoseph.ca
• ZED recyclage décoratif :
514-264-0264, www.zedrecyclagedecoratif.com
• Spazio, antiquités architecturales :
8405, boul. St-Laurent, Montréal
514-384-4343, www.spazio.ca
• Ateliers de meubles et de recyclage Ahuntsic-Cartiervill (deux magasins) : www.amrac.org
• Bric-à-Brac (meubles usagés) :
9015, rue Meilleur, Montréal
514-745-5425
• Boutique Bois Urbains (meubles neufs et restaurés) :
4581,Saint-Denis, Montréal
514-849-3486

La cohabitation revisitée !

Le nombre de personnes qui vivent seules augmente constamment*.

Aussi, pourquoi ne pas s'entraider, cohabiter ? Je ne parle pas d'un retour aux communes des années 1970 ni à la colocation de l'époque des études mais plutôt d'une nouvelle manière de vivre ensemble entre adultes professionnels qui travaillent. Pourquoi ? Pour économiser, s'entraider, échanger.

Je pense particulièrement aux familles monoparentales qui pourraient très bien vivre avec un ou deux autres parents qui se trouvent dans la même situation. La série télévisée de Renée-Claude Brazeau, *La Galère*, diffusée à Radio-Canada, présente un portrait de ce type de cohabitation. Une manière de ne pas supporter sur ses seules épaules les contraintes de la vie de parent célibataire. On ne peut aller cherche un litre de lait le soir au dépanneur lorsque l'enfant dort, on ne peut s'absenter pour un cours de quelques heures. Les familles monoparentales (en grande majorité des femmes) vivent trop souvent dans l'isolement.

J'ai écrit un article pour *La Presse* sur trois mamans qui vivaient ensemble. Elles étaient enchantées par l'expérience. Une famille réinventée !

Pourquoi l'évolution nous amènerait-elle à vivre seul ou en couple ? La colocation à la mode adulte et non étudiante est une solution économique à considérer. Ainsi, on partage les repas, on économise l'énergie, on partage les achats de gros appareils peut-être même celui d'une automobile.

POUR EN SAVOIR PLUS :
• Mon article dans *La Presse* du lundi 12 mars 2007 « Trois mamans, trois enfants, un appartement » :
www.cyberpresse.ca/article/20070312/
CPACTUEL/703120588/1015/CPACTUEL

* Recensement 2001 de l'Institut de la statistique du Québec : 881 265 ménages ne comprenant qu'une seule personne (303 450 pour la région de Montréal).

Bannir les COV

Lorsqu'on achète des produits pour la maison, on doit se méfier des produits qui contiennent des composés organiques volatils (COV) et du formaldéhyde : colle, bouche-pores, panneaux en aggloméré de bois, tissu de rembourrage, isolants, vernis, cires, etc. Les produits de remplacement sont généralement un peu plus chers, mais on en achète moins.

Les composés organiques volatils (COV) sont des substances formées d'au moins un atome de carbone et un d'hydrogène. On les trouve à l'état gazeux dans l'atmosphère. Plusieurs de ces composés participent aux réactions photochimiques responsables de la formation du trou dans la couche d'ozone. D'autres, tels que le benzène et le formaldéhyde, sont aussi considérés comme toxiques et peuvent avoir un impact sur la santé de la population[*].

Des solutions de remplacement existent. Mais comment s'y retrouver? Les produits qui portent l'éco-logo «Choix environnemental» d'Environnement Canada sont de bons choix.  Publiés par la Société canadienne d'hypothèque et de logement (SCHL), le *Guide d'assainissement de l'air* et le livre *Matériaux de construction pour les personnes hypersensibles à l'environnement*, qui évalue les risques pour la santé de 180 matériaux et produits, permettent également de faire une bonne estimation des problèmes potentiels.

POUR EN SAVOIR PLUS :
• Le programme «Choix environnemental» (éco-logo) : www.environmentalchoice.com
• Pour commander les guides publiés par la Société canadienne d'hypothèque et de logement (SCHL) : www.schl.ca

---

[*] Ministère du Développement durable et des Parcs. *Les composés organiques volatils (COV) dans l'air ambiant au Québec, Bilan 1989-1999.* www.mddep.gouv.qc.ca/air/cov/rapport89-99.pdf

Laver sans polluer

Pollution

Comme je l'ai déjà mentionné, les produits nettoyants domestiques représentent un danger, tant pour les humains que pour l'environnement. Plusieurs contiennent des phosphates, qui sont l'une des causes de la prolifération des dangereuses algues bleues.

Marc Geet Éthier, qui a écrit un livre sur le sujet[*], nous conseille la prudence, particulièrement dans le cas de trois produits parmi les plus dangereux : les nettoyants pour les fours, ceux pour les cuvettes des toilettes et les produits pour déboucher la tuyauterie.

Ces produits sont trop puissants pour l'usage qu'on en fait. D'ailleurs, les plombiers déconseillent l'utilisation de produits pour déboucher la tuyauterie. Utilisez une pompe, du vinaigre, du bicarbonate et de l'eau chaude, ou appelez un plombier.

Il est préférable d'acheter moins de produits différents et d'en choisir des plus écologiques. Les fabricants de ces liquides nettoyants proposent une panoplie de produits divers qui ne servent en fait qu'à créer un besoin artificiel chez le consommateur.

Le plus important est d'éviter les produits qui contiennent des colorants et des parfums de synthèse. Des produits écologiques sont vendus dans les magasins d'aliments naturels, et dans certains supermarchés et pharmacies.

POUR EN SAVOIR PLUS :
• *Maison propre et jardin vert, guide d'entretien ménager et de jardinage*, publié par la Ville de Montréal, accessible sur Internet :
www.ville.montreal.qc.ca
• Santé Canada : www.hc-sc.gc.ca
(cliquez sur Sécurité des produits de consommation)

[*] Éthier, Marc Geet. *Zéro Toxique*, Montréal, Éditions du Trécarré, 2005, 287 pages.

Désinfecter écologiquement!

Nous sommes les champions de la désinfection. C'est bien connu, les éponges, débarbouillettes et serviettes pour essuyer les mains sont des nids à microbes. Pour éviter d'utiliser l'eau de Javel ou un produit plus fort pour les désinfecter, voici un truc efficace et facile. On humidifie nos chiffons, puis on les met 30 secondes au micro-ondes. Faites attention en les sortant, car ils sont chauds.

Évidemment, on utilise de l'énergie pour le micro-ondes. Rien n'est parfait, malheureusement. On peut aussi utiliser du vinaigre, un nettoyant tout usage très utile, efficace et économique. Le vinaigre nettoie les planchers, les vitres. Si on le mélange avec du bicarbonate de soude, il devient plus corrosif. Si, en plus, on ajoute de l'eau bouillante, c'est un moyen de prévenir les bouchons dans les tuyaux.

On débranche!

Énergie

Éteindre les appareils électriques qui ne sont pas utilisés ne suffit pas, il faut les débrancher. Ce n'est pas évident. Pas que ce soit compliqué, mais il faut y penser. Qui a envie de faire plusieurs fois par jour le tour de tous ses appareils pour les débrancher un à un?

Il est cependant facile d'en débrancher certains, comme le chargeur du téléphone cellulaire, le grille-pain, le système de son, etc.

Pourquoi les débrancher? Parce que la majorité des appareils électroniques utilisés à la maison continuent de consommer de l'énergie lorsqu'ils sont éteints[*]. Notez que les appareils Energy Star consomment beaucoup moins.

---

[*] Office de l'efficacité énergétique (OEE) de Ressources naturelles Canada, Appareils électriques de consommation.

Comparaison entre les appareils traditionnels et les appareils Energy Star®*

Type	Puissance (Watts)	Consommation moyenne /ans (kWh)	Coût moyen annuel ($)	Consommation mode veille (Watts)	Impact environnemental	
					En mode veille Émission de GES 2	En utilisation Émission de GES 1
Télévision	300	385	25,14	12	40	538
Magnétoscope	50	9	0,59	13		
Lecteur de DVD	27			10		
Système de son	250			7		
Ordinateur	300	156	10,19	≥ 30		
Appareils Energy Star™						
Télévision	300	385	25,14	≥ 1	40	254
Magnétoscope	50	9	0,59	≥ 1		
Lecteur de DVD	27			≥ 1		
Système de son	250			≥ 1		
Ordinateur	300	156	0,19	≥ 30		

* Équiterre, *Quelques conseils en efficacité énergétique*, www.equiterre.org/energie/trucs/index.php?s=electronique

La petite vache et les huiles essentielles !

On vous le répète inlassablement, le bicarbonate de soude, plus connu sous le nom de « petite vache », est essentiel dans une maison. Pratique et peu dispendieux, ce produit multi-usage possède des propriétés détergentes, javellisantes et désodorisantes. On l'utilise pour récurer l'évier, la salle de bains, pour désodoriser la litière du chat, le réfrigérateur, la poubelle, et pour laver le linge.

Santé Canada nous dit que l'exposition aux produits de nettoyage peut être nocive pour la santé, puisque plusieurs d'entre eux sont corrosifs, inflammables, toxiques ou chimiquement réactifs. Soyons prudents !

On peut aussi utiliser des huiles essentielles. On choisit sa fragrance préférée et on l'ajoute à notre lessive. On peut s'en servir pour désodoriser une pièce, une armoire, un placard. Mais attention, chaque huile essentielle a ses propriétés. Certaines doivent être utilisées avec précaution.

POUR EN SAVOIR PLUS :
• Réseau canadien de la santé :
www.canadian-health-network.ca
• Pour commander le *Guide d'assainissement de l'air* de la SCHL :
1-800-668-2642, www.cmhc-schl.gc.ca/fr/co/index.cfm

Le retour des cordes à linge

Nos grands-mères et nos mères les utilisaient. Elles faisaient sécher leur linge sur une corde, parfois à l'intérieur, près du poêle à bois, lorsqu'il pleuvait ou gelait. Il est certain que le sèche-linge est pratique, surtout pour les familles. Étendre le linge prend du temps. Pour ma part, je trouve cette activité relaxante. On fait aussi travailler nos bras. Pensez-y !

Si la sécheuse nous facilite la vie, elle a quelques désavantages. Outre une consommation d'énergie qui représente une portion importante de notre facture d'électricité, elle abîme les vêtements. Pour les garder plus longtemps, faites-les sécher à l'extérieur. Ils sentiront le grand air. Si vous étendez votre linge lorsqu'il vente, ce dernier agira comme un fer à repasser. Vous pouvez donc défroisser vos vêtements en les étendant. Cette activité pourrait même vous permettre de rencontrer vos voisins et de jaser avec eux.

La consommation moyenne d'une sécheuse électrique est de 912 kW par année[*]. Si leur efficacité énergétique s'est grandement améliorée depuis quelques années, ces appareils représentent encore une grosse partie de la consommation d'électricité. Chaque cycle de séchage de 52 minutes vous coûte 17 cents. Faites le calcul[**].

POUR EN SAVOIR PLUS :
• Office de l'efficacité énergique de Ressources naturelles Canada : www.oee.nrcan.gc.ca
• Hydro-Québec – Tableau de la consommation des appareils : www.hydroquebec.com/residentiel/mieuxconsommer/calcul_consom.html
• Corde à linge Montréal, François Pilon, installateur : 514-591-7542

[*] Ressources naturelles Canada. *Consommation d'énergie des gros appareils ménagers expédiés au Canada – Tendances 1990-2004*, décembre 2006.
[**] Hydro-Québec. *Tableau de la consommation des appareils.* www.hydroquebec.com/residentiel/mieuxconsommer/calcul_consom.html

Les fruits et légumes du Québec !

Une bonne manière d'économiser est d'acheter des fruits et légumes en saison. Lorsque les fraises sont en abondance dans les marchés, elles sont moins chères. La loi de l'offre et de la demande. Acheter des fraises en plein mois de janvier vous coûtera beaucoup plus cher. De plus, vos fraises seront moins bonnes.

On peut acheter des fraises au mois de juin, en congeler et les savourer durant toute l'année !

Plusieurs organismes font la promotion de l'achat de produits locaux. En furetant sur Internet, vous trouverez facilement les sites de ces organismes et des agriculteurs de votre coin.

Par ailleurs, l'organisme Aliments du Québec garantit, par l'étiquetage, la provenance du produit. Vous trouverez un bottin des producteurs locaux sur son site Internet.

Pour s'assurer d'acheter local, on se rend directement chez le producteur. Si on achète dans un marché, une fruiterie, un supermarché, on pose des questions.

POUR EN SAVOIR PLUS :
• Union des producteurs agricoles du Québec : www.upa.qc.ca
• Aliments du Québec : www.alimentsduquebec.com
• La Fédération des producteurs maraîchers du Québec (liste de légumes de saison, des endroits pour faire de l'autocueillette, et même des recettes) : www.legumesduquebec.com

On ne jette rien !

Quelle mauvaise habitude que celle de se débarrasser d'un déchet en le jetant dans la rue, le caniveau, la nature, etc. C'est un peu comme cracher, un geste que je trouve irrespectueux et absolument dégoûtant.

Ne rien jeter dans la rue ne mettra pas plus d'argent dans vos poches immédiatement. Cependant, pensez aux économies générales et collectives. Les éboueurs ou cols bleus auront moins de travail de nettoyage. Peut-être un jour n'aurons-nous plus besoin de les payer en heures supplémentaires pour nettoyer nos déchets ?

Actuellement, le pire fléau de nos rues (outre les dépôts sauvages de déchets en tous genres), ce sont les mégots de cigarettes ! Depuis qu'il est interdit de fumer dans les bars et restaurants, les fumeurs s'exécutent dehors et jettent leur mégot. Pas très propre !

Une petite invention très pratique nous vient de France, le Mego HS. Il s'agit d'un mini-porte-mégot qui permet d'éteindre par étouffement nos cigarettes. Testé et essayé, je suis convaincue !

POUR EN SAVOIR PLUS :
• Mego HS :
www.megohs.com

On arrose le soir!

Eau

Les conseils en tous genres sont nombreux concernant l'économie d'eau. Si la plupart des citoyens ne paient pas leur eau, d'autres sont facturés à l'utilisation, comme les Français. Pour ceux-ci, l'économie se répercutera directement sur leur facture.

L'un des gestes qui permet de réduire sa consommation d'eau est d'attendre le soir pour arroser ses plantes, son potager et sa pelouse. Pourquoi? Parce qu'une fois le soleil couché, l'eau ne s'évaporera pas. Combiné à l'humidité de la nuit, votre arrosage du soir n'en sera que plus efficace.

Évidemment, rien n'est jamais parfait. Certains jardiniers vous diront que ce type d'arrosage qui conserve l'humidité durant la nuit favorise le développement de certaines maladies.

Solution alternative : si vous avez peur des effets secondaires de l'humidité, arrosez tôt le matin!

POUR EN SAVOIR PLUS :
• Environnement Canada :
www.qc.ec.gc.ca/ecotrucs/solutionsvertes/pelouse_entretien.htm

Une petite vérification pour la voiture

C'est un geste que l'on doit répéter régulièrement et qui peut faire une grosse différence non seulement dans la consommation d'essence, mais aussi au niveau de la pollution générée par votre véhicule. Un moteur qui n'est pas au point peut augmenter la consommation de carburant jusqu'à 50 %. Par ailleurs, un mauvais parallélisme des roues augmente la consommation de carburant ainsi que l'usure des pneus et diminue la stabilité du véhicule. La pression des pneus doit également être vérifiée régulièrement. Une mauvaise pression augmente la consommation d'essence[*].

Pour toutes ces raisons, on fait faire régulièrement la mise au point du véhicule. On fait faire son changement d'huile selon le livre d'entretien de la voiture. En plus des avantages cités plus haut, cela vous permettra de garder une voiture en bon état plus longtemps.

Au prix que coûte l'essence, mieux vaut tout mettre en place pour en consommer le moins possible.

POUR EN SAVOIR PLUS :
• Ressources naturelles Canada : www.marcheauralenti.gc.ca
• CAA-Québec : www.caaquebec.com/Automobile

---

[*] CAA Québec – Rubrique « Trucs et conseils » – *Comment réduire de façon efficace votre facture de carburant.*

On met son climatiseur au repos

Lorsqu'il fait plus de 30 degrés durant la nuit et que tout nous colle à la peau, notre seul souhait est d'avoir un peu de fraîcheur pour pouvoir fermer l'œil. Difficile de vous demander d'éteindre le climatiseur. Mais en d'autres occasions, lorsque la chaleur est supportable, on restreint son utilisation.

Tout d'abord, on achète un modèle qui convient à son logement. Il vaut mieux un climatiseur plus petit qu'on laisse fonctionner plus longtemps qu'un appareil trop gros que l'on éteint et redémarre fréquemment*. La climatisation centrale coûte par ailleurs plus cher en électricité.

Avant d'allumer l'appareil de climatisation, on doit essayer la climatisation naturelle (rideaux tirés, fenêtres fermées durant la journée et ouvertes durant la nuit).

Comme pour les autres appareils, ceux marqués du symbole Energy Star seront plus performants. Avant l'achat, consultez l'étiquette ÉnerGuide qui vous renseignera sur la consommation d'électricité de l'appareil. Par ailleurs, si un climatiseur est dispendieux, un ventilateur le sera moins et consommera beaucoup moins d'électricité!

Finalement, on s'assure que le bruit de l'appareil ne dérange pas les voisins.

---

* CAA-Québec – Rubrique «Habitation», *Les climatiseurs, comment s'y retrouver*? www.caaquebec.com/Habitation/TrucsEtConseils/CapsulesConseilsDetail.htm?lang=fr&TipsID=e6785f0a-4f1b-4f82-a374-ae7abd97f694

Le coût de la climatisation*

Type	Puissance (W)	Heures d'utilisation par jour	Jours d'utilisation par année	Consommation moyenne annuelle (kWh)	Coût moyen annuel ($)
Climatiseur central	3 050	11,4	51	1 773	124,46
Climatiseur de fenêtre (8 000 Btu)	900	11,4	40	410	28,78

POUR EN SAVOIR PLUS :
• CAA-Québec Habitation :
www.caaquebec.com/Habitation
• Power Wise (site en anglais) :
www.powerwise.ca
• Publications Éconergie, Office de l'efficacité énergétique, Ressources naturelles Canada :
1-800-387-2000 pour commander gratuitement le guide *Climatiser sa maison*

* Hydro-Québec – Consommation moyenne annuelle des appareils.

Donner pour ne pas jeter

Consommation

C'est le temps du déménagement. Il faut vider les placards, trier ce que l'on y trouve, éliminer le superflu, les objets que l'on n'utilise plus. Mais pas question de les envoyer au site d'enfouissement. Des solutions existent. On donne ces objets pour en faire profiter quelqu'un d'autre.

L'Armée du Salut, les friperies Renaissance et d'autres organismes récupèrent meubles et vêtements devenus inutiles. Les objets que l'on donne doivent être en bon état. La plupart des organismes viennent chercher les meubles et autres articles encombrants chez vous. Il faut cependant prendre rendez-vous, et la demande est forte en période de déménagement. Soyez prévoyants.

Placez des objets encore en état de marche ou des appareils électroniques sur le bord de la route en même temps que les ordures est une mauvaise idée. En effet, il n'est pas certain que des ferrailleurs ou autres les récupéreront. Par ailleurs, on ne connaît pas la manière dont les ferrailleurs se départiront ensuite des matériaux restants. Le feront-ils écologiquement? Finalement, si jamais il pleut, les objets deviendront inutilisables à jamais.

POUR EN SAVOIR PLUS :
• L'Armée du Salut :
514-935-7425 ou 418-641-0050
www.armeedusalut.ca
• Les friperies Renaissance :
514-276-3626
www.renaissancequebec.ca
• Société Saint-Vincent-de-Paul :
514-525-0232
www.ssvp.qc.ca
• Couleur Bazar, le guide du réemploi de Montréal :
www.guidedureemploi.com

Le *freecycling*

Pour les personnes branchées sur Internet, une nouvelle forme d'échange existe au Québec. Ce système nous vient des États-Unis; on l'appelle le *freecycling*.

L'objectif est de réduire le gaspillage et de limiter l'accumulation de déchets. Le concept est simple: ce qui ne sert plus à l'un peut être utile à l'autre. On a donc créé des communautés d'échange de biens sur Internet. Sur le site du groupe de votre région, vous annoncez ce que vous avez à offrir. Du lit de bébé au petit chaton, tout peut s'y retrouver, à une condition: tout doit être gratuit. Premier arrivé, premier servi. Le preneur et l'offrant s'organisent pour le transport du bien et le tour est joué. On peut aussi afficher un message de recherche.

Cette nouvelle façon de récupérer est en expansion. Le nombre de membres dans ces communautés augmente très rapidement. Il ne reste qu'à espérer que le *freecycling* demeurera fidèle à sa vocation et ne deviendra pas le repère de chasseurs d'aubaines qui veulent faire du profit. Jusqu'à présent, les modérateurs de ces groupes sont très vigilants, et ils peuvent exclure les membres qui ne font que prendre, sans jamais donner…

POUR EN SAVOIR PLUS:
• Freecycling (cliquez sur «*groups*» pour trouver celui de votre région): www.freecycle.org

Un peu de jardinage ?

Eau

Ceci s'adresse à ceux qui apprécient le côté relaxant du jardinage. On peut aussi mettre ce truc en pratique par l'entremise de quelqu'un d'autre ! Si vous prenez le temps de jardiner, cela vous évitera d'acheter des pesticides, mais aussi d'économiser l'eau.

Biner votre jardin vous économisera un arrosage. En coupant votre pelouse moins souvent, vous éviterez de trop l'arroser.

POUR EN SAVOIR PLUS :
• Le Regroupement pour le jardinage écologique :
www.rje.qc.ca
Des livres indispensables :
• *Solutions écologiques en horticulture : pour le contrôle des ravageurs, des mauvaises herbes et des maladies*, Edith Smeesters, Anthony Daniel et Amina Djotni, Montréal, Éditions Broquet, 2005, 22,95 $.
• *Maison et jardins écologiques : 350 conseils et trucs pratiques*, Bertrand Dumont, Montréal, Bertrand Dumont éditeur, 2007, 14, 95 $.
• *Fleurs et jardins écologiques : L'art d'aménager des écosystèmes*, Michel Renaud, Montréal, Bertrand Dumont éditeur, 2005, 39, 95 $.

Le barbecue écolo

L'utilisation du barbecue n'engendrera pas le prochain cataclysme environnemental, mais quelques gestes peuvent faire une différence.

Pollution

Il est préférable d'éviter d'allumer son barbecue lors des alertes au smog. L'achat d'un petit barbecue est recommandé. On n'utilise qu'un brûleur si c'est pour préparer un repas pour une ou deux personnes. On bannit les liquides inflammables, et on n'utilise pas son barbecue tous les jours.

Si le parfait barbecue écologique n'existe pas, certains sont moins dommageables pour l'environnement. En fait, la différence vient du type de combustible utilisé. Le barbecue le plus écologique est le barbecue électrique, suivi de celui fonctionnant au gaz naturel, puis de celui au propane, et finalement de ceux au bois et au charbon de bois.

Par ailleurs, une bouteille de propane de 20 litres (la norme) émet environ 25 kg de CO_2 dans l'atmosphère selon les chiffres d'Environnement Canada. D'après l'utilisation que vous faites de votre barbecue durant l'année, vous pouvez donc calculer votre impact sur l'environnement. Par comparaison, l'AQLPA souligne que l'utilisation d'une automobile émet annuellement entre 4 000 et 5 000 kg de CO_2.

Pour les plus écolos, de nouveaux barbecues au gaz propane sont maintenant offerts sans les pierres volcaniques, ce qui diminue le temps de cuisson et la fumée liée à la combustion des graisses.

Pour les curieux, il existe la cuisinière solaire. Cependant, il ne faut pas être pressé! Vous ne pourrez y faire griller votre steak, car elle n'a pas la puissance du barbecue au gaz.

POUR EN SAVOIR PLUS :
• L'Association québécoise de lutte contre la pollution atmosphérique (AQLPA) : www.aqlpa.com
• www.solarcooking.org

Des tissus plus écolos

Les vêtements sont généralement faits de coton, polyester et autre tissu. La culture traditionnelle du coton est très polluante. En effet, elle demande de grandes quantités de pesticides et d'eau. Il est donc plus sain pour la santé et pour l'environnement de choisir d'acheter des vêtements faits de coton biologique (et équitable si possible) ou de bambou, de chanvre ou de soja. Outre les colorants chimiques utilisés pour teindre les vêtements, les pesticides utilisés sur le coton peuvent se retrouver en contact avec votre peau.

Une plante comme le bambou est un bon substitut. Il pousse rapidement, sans pesticides, est durable et naturellement antiseptique.

Bien entendu, les vêtements fabriqués à partir de ces tissus coûtent encore un peu plus cher que les vêtements fabriqués en Chine.

On trouve aussi de plus en plus de vêtements en coton biologique, particulièrement au magasin de plein air Mountain Equipment Coop. On peut aussi acheter des sous-vêtements en bambou, soya ou coton biologique à la boutique La Senza, entre autres.

Des couches pour bébé, des serviettes de toilette, des sorties de bain sont également fabriquées en bambou.

POUR EN SAVOIR PLUS :
• Mountain Equipment Coop et le coton biologique :
www.mec.ca
• About Organic Cotton :
www.aboutorganiccotton.org/
• Beyond Pesticides :
http://www.beyondpesticides.org/
• La Senza :
www.lasenza.com

Retour aux friperies

Dans mes souvenirs, les friperies sont de petites boutiques qui sentent le renfermé, aux étalages débordant de morceaux dépareillés et où des vêtements démodés s'entassent pêle-mêle. Oubliez cette image désuète, car les friperies « nouveau genre » offrent des vêtements de qualité, réemployés, réparés, remodelés, et ce, à prix raisonnables. La récupération est au cœur de leurs préoccupations.

La friperie La Gaillarde est avant tout un organisme à but non lucratif dont l'objectif est d'encourager la récupération et l'engagement social. Les vêtements offerts sont accessibles à toutes les bourses, allant de 40 à 200 $. Pour le côté friperie de La Gaillarde, les prix sont de 5 à 40 $. À la friperie Boutique Folle-Guenille, tout est récupéré, recyclé. De la décoration aux vêtements branchés et chics, en passant par les bijoux originaux, les chaussures ainsi que les costumes, offerts en location.

Tout comme à la friperie la Gaillarde, la propriétaire de Cul de Sac, Melissa Turgeon, propose ses propres créations, réalisées à partir de vêtements récupérés. On y trouve aussi des fringues neuves, des échantillons ou des morceaux endommagés, que la couturière écolo répare.

POUR EN SAVOIR PLUS :
• Friperie La Gaillarde :
4019, rue Notre-Dame Ouest, Montréal, 514-989-5134
• Friperie Boutique Folle-Guenille :
4039, rue Sainte-Catherine Est, Montréal, 514-845-0012
• Cul de Sac :
3811, rue Sainte-Catherine Est, Montréal, 514-529-0557

Le recyclable au recyclage

Déchets

Vous vous promenez en ville ou vous faites vos courses tout en sirotant une boisson dans une bouteille en verre. Lorsque vous avez terminé, vous vous apercevez qu'il n'y a pas de bac de recyclage à proximité. Frustrant. On veut bien agir, mais les installations ne suivent pas. Que faire? À part se plaindre de cette réalité aux gérants des magasins ou à la municipalité, pas grand-chose.

On garde sa canette ou bouteille d'eau en plastique ou en verre avec soi, on la recyclera à la maison. J'avoue que ce n'est pas pratique, mais votre déchet risque autrement d'aller garnir les sites d'enfouissement. Bien sûr, si le contenant est consigné, peut-être que les personnes qui fouillent les poubelles les récupéreront. Mais rien n'est certain.

Si vous assistez à l'un des nombreux festivals qui se tiennent durant l'été dans la région montréalaise, sachez qu'une entreprise de réinsertion sociale, le Consortium Écho-logique, s'occupe de la récupération du matériel recyclable. Ses membres vont même jusqu'à fouiller dans les poubelles!

POUR EN SAVOIR PLUS:
• Recyc-Québec – Répertoire de produits à contenu recyclé fabriqué au Québec: www.recyc-quebec.gouv.qc.ca/client/fr/repertoires/rep-produits/pourquoi.asp
• Le Consortium Écho-logique: www.ecosolutions.ca

L'achat local

Les commerçants le répètent souvent : « Venez nous voir ! Achetez local ! » Ils ont raison. Encouragez les petits commerces de votre quartier.

Le service y est souvent de meilleure qualité. Au lieu d'aller dans les grandes surfaces, de fréquenter les très impersonnels centres commerciaux et magasins géants, fréquentez les petits magasins de quartier. Souvent (mais pas toujours), les vendeurs y sont de bien meilleurs conseillers.

Parfois, certains produits coûteront plus cher, mais les informations reçues n'ont pas de prix. À long terme, on y gagne. Mais ce prix qui semble plus élevé ne l'est pas toujours réellement. Le Groupe de recherche en consommation (relié à la faculté de droit de l'Université de Montréal) a révélé que l'économie réalisée en achetant 20 articles alimentaires et sanitaires chez Wal-Mart plutôt que sur une artère commerciale n'est que de 1,15 $, et ce, sans tenir compte des frais de déplacement[*].

Par ailleurs, on économise sur le transport en s'y rendant à pied ou à vélo. « Par exemple, un résident de Rosemont–La Petite-Patrie à Montréal qui parcourt en voiture 6,5 km pour se rendre aux Galeries d'Anjou dépense près de 7 $ pour son transport (selon le CAA-Québec, le coût au km est de 0,51 $). Si ce même résident décidait de se rendre à pied ou à vélo dans l'une des artères commerciales de son quartier, il économiserait cette somme en plus de n'émettre aucune émission polluante[**]. »

> **POUR EN SAVOIR PLUS :**
> • Équiterre :
> www.equiterre.qc.ca
> • Le bottin agroalimentaire de Kamouraska (une superbe région du Québec) :
> www.kamouraska.com

[*] *Je m'active à Rosemont–La Petite-Patrie*, guide coordonné par Équiterre, p. 7.
[**] *Ibid.*, p. 6

Halte au chlore !

Pollution

Qui n'est jamais sorti d'une piscine avec l'impression d'avoir avalé une bouteille d'eau de Javel? Utilisé en très petite quantité, le chlore n'est pas dangereux. La preuve, on s'en sert pour désinfecter notre eau. Sauf qu'en quantité plus importante, comme dans les piscines, il est nocif tant pour l'environnement que pour les êtres humains, sans parler des maillots de bain! Les alternatives au chlore et aux produits d'entretien dispendieux que nous vendent les fabricants de piscines ont toujours existé. En plus, ces solutions permettent d'économiser de l'argent à long terme.

Pour réduire l'utilisation du chlore, on peut acheter un ionisateur, un appareil qui se vend environ 2 000 $. On le place entre le filtre à sable et le retour d'eau. Ce dispositif réduit l'utilisation du chlore et des produits chimiques de 70 à 90 %, car il permet de maintenir le niveau de chlore à 0,3 partie par million, contrairement à 1,5 ou 2,5 ppm comme c'est habituellement le cas. On estime que cet investissement sera rentabilisé en cinq ans grâce aux économies réalisées sur les produits d'entretien chimiques et sur l'électricité nécessaire au système de filtration, dont l'utilisation est limitée à dix heures par jour. Le générateur d'ozone est un autre procédé qui a fait ses preuves, et c'est l'un des meilleurs désinfectants qui existent[*].

POUR EN SAVOIR PLUS :
• Grandes eaux – détaillant du ionisateur argent-cuivre :
www.grandeseaux.com

[*] Reportage sur les piscines présenté à l'émission *La vie en vert*, Télé-Québec, épisode 26, 8 septembre 2007 (www.telequebec.tv/sites/vert).

Le solaire pour la piscine

Si votre piscine a un impact important sur votre facture d'électricité, sans parler du bruit constant du filtreur, quelques solutions existent pour remédier à ces problèmes.

Tout d'abord, réduisez le bruit du filtreur en plaçant celui-ci dans le cabanon. Puis, installez une minuterie afin d'en limiter le fonctionnement. Aucun besoin d'un filtreur qui fonctionne 24 heures sur 24 !

On peut aussi installer une toile isolante qui permet de réduire la perte de chaleur ainsi que l'évaporation de l'eau. On économisera ainsi plus de 1000 litres d'eau par semaine*.

Finalement, pour chauffer l'eau de sa piscine, il existe maintenant des chauffe-piscines solaires qui coûtent de 1 500 à 3 000 $. De plus, Ressources naturelles Canada offre une remise de 500 $ sur l'achat d'un système de chauffe-eau domestique solaire satisfaisant aux normes CSA.

Par ailleurs, selon une étude financée par Hydro-Québec et Ressources naturelles Canada, l'économie d'énergie engendrée par un tel chauffe-eau permet d'en amortir le coût d'achat sur deux ans. Prometteur !

POUR EN SAVOIR PLUS :
• Ressources naturelles Canada (subventions) :
www.oee.nrcan.gc.ca/residentiel/personnel/renovation-maisons/renovez-admissible-subvention.cfm?attr=4
• Hydro-Québec :
Minuterie : www.hydroquebec.com/residentiel/minuterie/index.html
Chauffe-eau solaire : www.hydroquebec.com/piste/reponses.html
• Techno-Solis : www.techno-solis.com
• Chauffe-piscine solaire : www.chauffepiscinesolaire.com

---

* Reportage sur les piscines présenté à l'émission *La vie en vert*, Télé-Québec, épisode 26, 8 septembre 2007 (www.telequebec.tv/sites/vert).

Récupérer l'eau de pluie

Eau

Vieux comme le monde. Nos grands-parents le faisaient avant nous. Rien de très compliqué. Surtout lorsqu'on se rend compte qu'en période estivale l'utilisation d'un boyau d'arrosage durant une heure consomme jusqu'à 1000 litres d'eau. Il s'agit d'eau potable que l'on utilise simplement pour arroser!

Pourquoi ne pas récupérer l'eau de pluie? On peut le faire avec un seau ou n'importe quel un contenant. Mais Alter Eco, une compagnie québécoise, a inventé l'Écopluie, un baril muni d'un robinet de cuivre sur lequel on branche un boyau d'arrosage. Le baril est récupéré, n'ayant servi que pour le transport de matières alimentaires. Pour éviter que des débris tombent dans l'eau, un grillage double est placé sur le couvercle, et le tour est joué. Une belle économie d'eau.

POUR EN SAVOIR PLUS :
• Alter Eco, compagnie productrice de l'Écopluie :
www.alter-eco.ca
• Environnement Canada – La conservation de l'eau :
www.ec.gc.ca/water/fr/manage/effic/f_weff.htm

Louer au lieu d'acheter

Trop souvent, les familles achètent une voiture qui ne correspond pas à leurs besoins, en pensant seulement aux vacances. Pourquoi acheter grand en vue d'une utilisation occasionnelle? Quand on pense au coût des voitures, le potentiel d'économie est énorme. Même si, à première vue, la location est dispendieuse, calculée sur l'année, elle s'avère avantageuse.

D'ailleurs, *La Presse* en a fait la démonstration. «Acheter plus petit permet de réaliser des économies annuelles d'au moins 2 400 $. On y gagne, même s'il faut débourser 500 à 1 000 $ pour la location d'une fourgonnette ou d'un VUS, durant une ou deux semaines par année[*].»

N'oubliez pas un détail. Lorsque vous possédez une automobile, vous avez déjà une assurance. Celle-ci vous assure lorsque vous louez un véhicule, si l'avenant 27 est inclus dans votre police. Il s'agit d'économies substantielles lorsqu'on sait que les assurances font grossir considérablement la facture de location.

> **POUR EN SAVOIR PLUS:**
> • Site d'Éric Brassard, auteur de *Finances au volant*: www.ericbrassard.com
> • Association pour la protection des automobilistes: www.apa.ca
> • CAA-Québec (grille d'évaluation des coûts d'un véhicule): www.caaquebec.com/Automobile
> • L'association canadienne des automobilistes (coûts d'utilisation d'une automobile): www.caa.ca
> • Communauto: www.communauto.com

---

[*] Stéphanie Grammond, «Achetez petit, louez grand», *La Presse*, 15 juillet 2007, cahier *Affaires* (www.lapresseaffaires.com/article/20070715/LAINFORMER/707150509/5891/LAINFORMER01).

Aérosols dangereux

Pollution

Autrefois, les aérosols libéraient des CFC (chlorofluorocarbones) qui détruisaient la couche d'ozone. Ils sont maintenant interdits en Europe et en Amérique du Nord. Cependant, différents gaz propulseurs sont toujours utilisés, jugés inoffensifs, mais… Ces aérosols émettent des composés organiques volatils (COV) qui sont nocifs pour la santé. Et il ne faut surtout pas les vaporiser sur une flamme !

Outre le produit contenu, le contenant en métal pose un problème. La bouteille est rarement acceptée dans le tri sélectif, étant donné les risques d'explosion que présente le gaz qui reste à l'intérieur. Pour en rajouter, ces aérosols contiennent souvent des produits chimiques nocifs et polluants, et c'est la raison pour laquelle ils sont considérés comme des déchets domestiques dangereux. En bref, mieux vaut les éviter comme la peste. En plus, vous ferez des économies.

Voici quelques produits qu'on trouve encore en aérosol : insecticide, peinture, désodorisant, déodorant, mousse à raser, laque, brumisateur, crème chantilly, remède pour la gorge, ainsi que les scellants domestiques qui ont fait l'objet d'un avis de la part de Santé Canada[*]. Cherchez bien et vous trouverez un remplaçant pour chacun des produits en aérosol que vous avez l'habitude d'utiliser.

> **POUR EN SAVOIR PLUS :**
> • Santé Canada – information sur les aérosols :
> www.hc-sc.gc.ca/ahc-asc/intactiv/ghs-sgh/com/pest-parasite/doc/discussion_04-05-28_f.html

---

[*] Santé Canada – *Les aérosols de scellement domestiques extrêmement inflammables, un danger potentiel*, www.hc-sc.gc.ca/ahc-asc/media/advisories-avis/1995/1995_71_f.html

Un chauffe-eau solaire

L'énergie solaire fait de plus en plus son chemin dans les maisons québécoises. Son efficacité est de plus en plus prouvée. Quant à l'économie qu'elle permet de faire, tant en argent qu'en électricité et en pollution, elle est importante.

Le chauffe-eau solaire, contrairement aux panneaux photovoltaïques qui ont une période de retour sur l'investissement de plus de 20 ans, se rentabilise en 6 ans seulement. Il sert à préchauffer l'eau d'un système de chauffage ou l'eau chaude domestique*.

Il existe deux types de chauffe-eau solaire : passif et actif. Le premier envoie l'eau préchauffée par le soleil vers le chauffe-eau à réservoir de stockage ordinaire. Ce transfert se fait de façon passive, par pression de fluide. Le deuxième type, actif, utilise quant à lui des pompes pour faire le transfert. En région froide, ce n'est pas de l'eau mais une solution antigel qui capte la chaleur, laquelle est ensuite transférée à l'eau via un échangeur thermique**.

POUR EN SAVOIR PLUS :
• Énergie solaire Québec :
www.esq.qc.ca
• Ressources naturelles Canada et le chauffe-eau solaire
Guide d'achat des systèmes photovoltaïques :
www.canren.gc.ca/prod_serv/
index_f.asp?CaId=101&PgId=588

* Source : Emmanuel Blain-Cosgrove, consultant en construction écologique : www.ecohabitation.com
** Rona : www.rona.ca

Voguer sans polluer

Transport

Après la voiture et le vélo, pourquoi ne pas adopter le bateau électrique? Alors que de nombreux lacs au Québec interdisent maintenant la navigation des embarcations à essence, c'est l'astuce parfaite. Outre l'électricité, certains bateaux peuvent être alimentés par l'énergie solaire. De plus, ils sont non polluants et silencieux. Une solution totalement écologique.

Pour naviguer sans polluer sur les lacs et cours d'eau, plusieurs choix s'offrent à vous: le pédalo, le canoë, le kayak, le voilier, la chaloupe. Ceux qui veulent éviter l'effort physique peuvent se tourner du côté du bateau électrique.

Actuellement, une seule entreprise canadienne, Bush Marine inc., située sur la rive nord, près de Montréal, propose de telles embarcations. Ces bateaux haut de gamme, commercialisés sous le nom de Compagnie canadienne de bateaux électriques, sont fabriqués à Oka. Ils se détaillent à partir de 20 000 $. Ils sont donc plus chers que ceux qui fonctionnent à l'essence.

Pour acheter un modèle plus abordable, on se tourne du côté d'Impact Plein air, une entreprise de Magog. Le propriétaire, Alain Brault, s'est affilié avec la compagnie française Ruban bleu. Cette dernière fabrique des bateaux électriques dont le prix de vente débute à 4 000 $. Ils sont assemblés au Québec. Le bateau électrique atteint généralement une vitesse moyenne de 10 km/h. De toute manière, lorsqu'on dépasse cette vitesse, la vague créée peut endommager la faune et la flore des alentours.

POUR EN SAVOIR PLUS:
• Bush Marine inc.: www.electricboats.ca
• CEVEQ (Centre d'expérimentation des véhicules électriques du Québec): www.ceveq.qc.ca
• Impact Plein air (commercialise les bateaux Ruban bleu): www.impactpleinair.com

Sans trace

Vive les vacances ! On part à la campagne, à la mer, en forêt, en montagne, à l'étranger. Si l'on veut profiter des endroits que l'on visite, et si l'on tient à ce que d'autres personnes puissent en profiter derrière nous, il faut respecter les principes du « sans trace ».

Vacances

• Préparez-vous et prévoyez ; surtout, minimisez les déchets ;
• Utilisez les surfaces durables ; restez sur les sentiers balisés, n'altères pas un site pour pouvoir y camper ;
• Gérez adéquatement les déchets ; ne laisses rien, pas même la nourriture qui viendrait perturber l'équilibre de la nature ; enterres profondément les excréments humains, sans le papier hygiénique que vous rapportes ; ne faites pas la vaisselle dans les cours d'eau, et n'utilisez que des produits naturels et biodégradables ;
• Laissez intact ce que vous trouvez ; ne cueillez pas de plantes et laissez les pierres sur place ;
• Minimisez l'impact des feux ; éteignez-les et utilisez les endroits réservés à cet effet ;
• Respectez la vie sauvage ; ne nourrissez pas les animaux sauvages, tenez-vous à distance convenable ;
• Respectez les autres usagers ; restez courtois et silencieux.

POUR EN SAVOIR PLUS :
www.sanstrace.ca

Goutte à goutte

Eau

Lorsqu'on arrose nos plantes, notre pelouse et notre potager avec un tuyau d'arrosage ou un système quelconque, beaucoup d'eau s'évapore. Le système d'arrosage goutte à goutte permet de distribuer l'eau au pied de la plante et d'éviter cette évaporation.

Un tel système utilise beaucoup moins d'eau, environ 10 fois moins, et arrose presque deux fois mieux la plante.

La mise en place d'un tel système pour votre jardin n'est pas compliquée. Il suffit de se doter d'un tuyau d'arrosage percé de trous qui distribuera l'eau au pied de vos plantes.

POUR EN SAVOIR PLUS :
• Réseau environnement et sa campagne estivale d'économie de l'eau potable :
www.reseau-environnement.com
• Eau secours :
www.eausecours.org

Je marche !

Tout le monde le sait, la voiture pollue. Pourquoi ne pas laisser sa voiture à la maison pour ses déplacements de moins de un kilomètre ? On augmente cette distance lorsque l'on se sent prêt, deux kilomètres, puis trois kilomètres, et ainsi de suite.

Il suffit simplement de se poser la question lorsqu'on se prépare à sortir : ai-je vraiment besoin d'utiliser ma voiture pour aller à cet endroit ? Marcher relaxe, permet de faire le vide, de réfléchir, de diminuer le stress. Bref, marcher ne comporte que des avantages et vous permettra de faire des économies, lorsqu'on connaît le coût de l'essence de nos jours. On peut aussi utiliser son vélo !

Le coût moyen de l'utilisation d'une automobile de taille moyenne est de 0,51 $ au kilomètre, selon le CAA. Évidemment, plus le prix de l'essence augmente, plus ce coût fait de même.

Imaginez : un kilomètre parcouru en voiture en moins par jour, c'est 189 $ dépensés en moins chaque année. Pensez-y bien !

POUR EN SAVOIR PLUS :
• Association canadienne des automobilistes (coûts d'utilisation d'une automobile) : www.caa.ca

Des jeux éducatifs

Les enfants ne seront peut-être pas d'accord avec ce geste. L'objectif ici n'est pas de vous suggérer de leur offrir uniquement des jouets éducatifs, mais bien de limiter les achats de jouets en tous genres, généralement fabriqués en Chine, pas toujours de grande qualité et dont la fabrication requiert des procédés polluants, sans oublier le transport jusqu'au Canada.

Pour un plaisir garanti, offrez-leur des jumelles, des loupes, un vélo et d'autres jouets qui encouragent le plein air et la découverte de la nature. Les enfants aiment jouer les petits alchimistes, profitez-en.

L'un de mes amis amène régulièrement ses neveux visiter les musées, leur offre des livres sur les arbres, les oiseaux, les champignons. Ensuite, il les amène dans les bois ou les centres d'interprétation de la nature pour expérimenter « en vrai » les découvertes faites dans les livres. On peut aller au Biodôme, à la Biosphère, au zoo de Saint-Félicien, etc.

Soyez éducatif avec le cédérom *Eau secours!* du professeur Scientifix (debrouillards.creo.ca). Ce jeu inclut 27 expériences à réaliser à la maison pour donner aux enfants une autre option que l'écran de l'ordinateur ou du téléviseur. Plusieurs compagnies québécoises commercialisent des jeux et jouets plus écolos et responsables.

Passer un savon !

Lorsque vous prenez votre douche chaque jour, il est préférable d'utiliser un savon plutôt qu'un gel douche. Pourquoi ? Parce que les savons sont moins polluants que les gels douche. Leur emballage est plus petit et, généralement, ne contient pas de plastique. Un déchet en moins. On sait que le plastique, fabriqué à base de pétrole, est un problème. Autant en limiter l'utilisation.

Bien sûr, il est préférable d'acheter un savon non emballé ou peu emballé !

Beauté

On congèle

Énergie

C'est la fin de l'été, vous avez congelé vos produits frais. Vous avez fait vos provisions pour l'hiver comme le bon petit écureuil que vous êtes ! Parfait, mais comment ne pas oublier ses bons plats et aliments au fond du congélateur ? De plus, il est difficile de se rappeler les dates de congélation de tous les contenants. Alors, on les note. On étiquette ses contenants pour les repérer plus rapidement dans le congélateur et éviter de laisser celui-ci ouvert trop longtemps. On évitera aussi de perdre des aliments. Car congeler ne permet pas de les garder à l'infini, il faut les consommer.

Si vous n'avez pas de congélateur et que celui du réfrigérateur est plein, c'est peut-être le temps de penser à cet investissement. Cet appareil vous permettra d'emmagasiner des aliments frais et des plats préparés par vos soins à moindre coût. Un investissement intelligent !

POUR EN SAVOIR PLUS :
• *Guide de la congélation,* Jean-Pierre Dezavelle, Dormonval éditions, 9,95 $.
• *La congélation des aliments,* Suzanne Lapointe, Éditions de l'Homme, en bibliothèque.

Le retour des confitures et des conserves!

Pour tirer profit d'une nourriture biologique à prix raisonnable, il faut changer nos habitudes. On prépare par exemple nos menus selon les produits de saison pour pouvoir profiter des plus bas prix. Outre consommer les aliments immédiatement, on peut les congeler, mais aussi en faire des confitures (quelle bonne odeur dans la maison!) et des conserves. Plus facile qu'avant.

Le meilleur moyen d'obtenir des produits biologiques à meilleur prix est d'acheter en grande quantité, puis de cuisiner et d'apprêter les produits pour pouvoir les conserver. On peut économiser de 30 à 50% sur le prix en achetant des fruits pour la confiture. Les petits fruits comme les fraises, framboises, groseilles, mûres, bleuets se congèlent bien. On en a ensuite pour tout l'hiver au lieu d'acheter des fruits biologiques hors de prix en provenance de la Californie. Même chose pour les tomates, concombres, zucchinis, toujours plus chers en hiver. On les met en conserve. On choisit les légumes selon leur résistance. Les betteraves nécessitent moins de transformation et se conservent très bien. Il n'en est pas de même pour les brocolis et choux-fleurs, plus fragiles. On ne congèle pas non plus les légumes racines comme les carottes. Et finalement, les courges et citrouilles se conservent facilement de deux à trois mois à une température d'environ 12 degrés. De quoi faire des muffins, des gâteaux et des potages pour l'hiver!

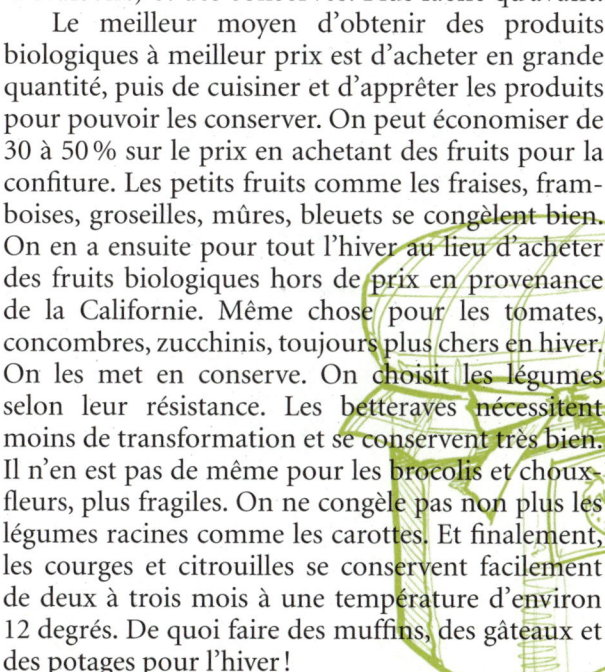

POUR EN SAVOIR PLUS:
• *Guide Bernardin de mise en conserve domestique*, 8 $:
www.homecanning.com
• Association canadienne de la distribution de fruits et légumes:
www.cpma.ca/fr_hea_freezingguide.asp
• Ministère de l'Agriculture, des Pêcheries et de l'Alimentation (guide d'entreposage):
www.mapaq.gouv.qc.ca/Fr/Consommation/Qualitedes aliments/securitealiments/guideconsommateur/entreposage/

Annexes

Les principales certifications

La certification biologique

La certification biologique est réglementée. Personne ne peut l'utiliser sans être certifié par l'un des organismes reconnus.

Le Conseil des appellations réservées et des termes valorisants (ancien Conseil des appellations agroalimentaires du Québec) est le seul à reconnaître les organismes habilités à certifier des produits agricoles et alimentaires biologiques cultivés ou transformés sur le territoire québécois, et ce, qu'ils soient destinés à être vendus sur le marché domestique ou à l'extérieur du Québec. Il reconnaît également des dizaines d'organismes étrangers dont la liste se trouve sur le site Internet. Lorsqu'on achète un produit biologique, l'important est de pouvoir lire le nom d'un organisme d'accréditation et de pouvoir ainsi retracer l'origine du produit. Un simple logo ou le mot biologique ou organique ne suffisent pas.

Signalons qu'il existe depuis peu une certification biologique canadienne, le logo « biologique Canada » mis sur pied par l'Agence canadienne d'inspection des aliments en 2007. D'ici décembre 2008, tous les produits destinés au commerce interprovincial et international devront être certifiés.

Les deux certifications les plus connues au Québec sont Ecocert et Québec Vrai.

• Le Conseil des appellations réservées et des termes valorisants (nouveau nom du Conseil des appellations agroalimentaires du Québec) : www.caaq.org
• Agence canadienne d'inspection des aliments www.inspection.gc.ca/
• EcoCert : www.ecocertcanada.com
• Quebec Vrai : www.quebecvrai.org

La certification équitable

Le terme « équitable » n'est pas protégé. Seuls les mots « certifié équitable » le sont. Par conséquent, il peut être employé par n'importe qui. Puisque aucune législation n'existe au Canada pour réserver l'utilisation du mot « équitable », comme en France, les consommateurs doivent se fier au logo et au nom de Transfair Canada. Cet organisme indépendant est le seul qui puisse certifier les produits équitables vendus au Canada.

Seule exception : on peut trouver des produits portant l'étiquette de Max Havelaar, organisme sérieux de certification européen. Même si les produits devraient normalement obtenir un logo de Transfair, ce qui n'est pas toujours le cas, leur statut de produit équitable ne fait aucun doute.

L'artisanat équitable

Les produits de l'artisanat représentent la seule exception. On les retrouve dans diverses boutiques, comme Dix Mille Villages Montréal, la plus connue. Les boutiques qui s'affichent comme vendant de l'artisanat équitable devraient être membres de la Fédération internationale du commerce équitable (IFAT). Si ce n'est pas le cas, soyez méfiants et posez des questions, car il est facile pour des commerçants de dire que leurs produits sont fabriqués par des employés bien rémunérés et traités justement. Vous ne disposez cependant d'aucun moyen de le vérifier. Les organismes de certification sont indépendants et effectuent ces vérifications.

La certification Forest Stewardship Council (FSC) pour le bois

Cette certification s'applique à tous les produits fabriqués à base de bois, des planchers au papier. Cette certification est internationale. Elle est décernée par une organisation indépendante créée en 1993. Il s'agit d'une certification sérieuse et reconnue. Elle garantit une gestion durable et environnementale des forêts. Vous pouvez faire confiance aux produits qui arborent le logo FSC.

FSC Canada :
www.fsccanada.org/Francais.htm

La certification Leadership in Energy and Environmental Design (LEED) pour la construction

Le système d'évaluation LEED garantit le respect de l'environnement en construction et en design. Cette certification est décernée par le Conseil du bâtiment durable du Canada, un organisme indépendant à but non lucratif, selon un maximum de 70 critères, répartis en plusieurs catégories. Le Conseil a défini ces critères selon ceux du US Green Building Council. Une certification écolo rigoureuse qui fait autorité.

Le Conseil du bâtiment durable du Canada :
613-241-1184 poste 22
www.cagbc.org

Energy Star

Les appareils électroménagers les plus efficaces énergétiquement sont identifiés par le logo Energy Star. Généralement plus dispendieux, ils représentent néanmoins un achat très intéressant, puisqu'ils consomment moins d'énergie et d'eau que les autres appareils de même type. Ce symbole a été créé par l'Agence de protection environnementale des États-Unis.

Office de l'efficacité énergétique de Ressources naturelles Canada :
www.oee.nrcan.gc.ca/energystar

Explication des différents chiffres pour le plastique

Le plastique est une matière fabriquée à base de pétrole qui se dégrade très lentement dans la nature. Il faut donc éviter de l'utiliser. Chaque type de plastique est identifié par un numéro. Tous sont recyclables au Québec, sauf le numéro 6.

Voici la liste de ces types de plastiques et certains des objets qu'ils constituent.

N° 1 : *Polyéthylène téréphtalate* (PET ou PETE) ; utilisé dans la fabrication de bouteilles d'eau, de boissons gazeuses, de jus, de contenants de beurre d'arachide, de vinaigrette et de détergent.

N° 3 : *Chlorure de polyvinyle* (V ou Vinyle ou CPV) ; couramment utilisé dans la fabrication de jouets, de pellicules de plastique, de contenants d'huile à cuisson et de détergent, et de rideaux de douche.

N° 6 : *Polystyrène* (PS) ; utilisé dans les contenants de styromousse (gobelets de café, bols), les contenants de nourriture pour emporter, les ustensiles en plastique, les matériaux d'emballage.

N° 7 : Autre. Cette catégorie comprend tous les types de plastique qui ne sont pas inclus dans les autres catégories, incluant le *polycarbonate* (PC). Le polycarbonate est un plastique généralement transparent et rigide qui est communément utilisé pour fabriquer les bouteilles d'eau réutilisables individuelles, les bouteilles d'entreposage d'eau de 3 ou 5 gallons et les biberons pour bébés. Il est aussi utilisé dans les boîtes de conserve comme pellicule protectrice.

Si vous devez utiliser du plastique, les plastiques suivants sont préférables : les numéros 2 (polyéthylène de haute densité), 4 (polyéthylène de faible densité), et 5 (polypropylène)*.

> **POUR EN SAVOIR PLUS :**
> Vivre sans plastique :
> www.vivresansplastique.com
> L'Association canadienne de l'industrie du plastique, section Québec :
> www.acipquebec.ca

---

* Vivre sans plastique – Le paradoxe de manger bio dans du plastique, des substances toxiques qui contaminent votre bouffe, www.vivresansplastique.com

Les 3-RV : au lieu de jeter, on réutilise, récupère, recycle ou valorise

On peut presque tout récupérer. Si vous ne pouvez donner quelque chose, car l'objet est en trop mauvais état, ne le mettez pas à la poubelle sans chercher d'abord un endroit où le faire recycler. Je sais que c'est moins facile que de simplement le sortir dans la rue pour que les éboueurs l'emportent, mais c'est une question de respect de la planète. Rendez-vous sur le site Internet de Recyc-Québec. Il est très complet, et vous y trouverez certainement l'information recherchée.

Par exemple, si votre matelas est trop vieux pour pourvoir servir à quelqu'un d'autre, consultez le répertoire québécois des récupérateurs, recycleurs et valorisateurs. Une courte recherche vous donnera deux adresses de recycleurs. Malheureusement pour les régions les plus éloignées de la métropole, ces deux récupérateurs de matelas se trouvent à Montréal. Je comprendrais donc les résidants de ces régions d'envoyer leur vieux matelas aux ordures plutôt que de le transporter jusqu'à Montréal. Ceux qui décideront tout de même d'opter pour cette solution sont vraiment des environnementalistes zélés !

Dans tous les cas, rappelez-vous qu'un simple clic sur le site de Recyc-Québec ou un coup de téléphone vous donnera la réponse à votre question, quelle qu'elle soit. N'hésitez jamais à contacter cet organisme.

Bibliographie

Sites Internet

Le réseau Eco-consommation (site belge très bien fait et informatif) : www.ecoconso.be
L'organisme français Écono-Écolo (site intéressant, qui propose des gestes écologiques et économiques, tout comme ce livre – la ressemblance entre les titres est accidentelle) : www.econo-ecolo.org

Documents

• *Couleur Bazar*, anciennement *Guide du réemploi*, le guide de la Ville de Montréal, Édition Ruffec, 2007.
• *Guide du vêtement responsable*, Équiterre, 2007.
• Thèse doctorale d'Anne-Sophie Ourth. *Les couches lavables constituent une alternative moderne, écologique et économique aux couches jetables*, Faculté universitaire des sciences agronomiques de Gembloux, 2003.
• Mariannick Chiroux, *Le recyclage au quotidien*, 2007.

Articles

• Brousseau-Pouliot, Vincent. « Louer, acheter... ou partager ? », *La Presse*, 26 novembre 2006.
• Gladel, Cécile. « Après la Journée sans achat », *La Presse*, 25 novembre 2005.
• Gladel, Cécile. « Étiquetage : Comment s'y retrouver », *La Presse*, 4 novembre 2006.
• Gladel, Cécile. « Le grand ménage écolo », *Femme Plus*, avril 2007.

- Grammond, Stéphanie. «Achetez petit, louez grand», *La Presse*, 15 juillet 2007.
- Tison, Marc. «Ces rechargeables qui nous vident», *La Presse*, 26 mai 2007.

Livres

- Bamburg, Jill. *Getting to Scale, Growing Your Business Without Selling Out*, San Francisco, Berrett-Koehler Publishers, 2006.
- Baudrillard, Jean. *La société de consommation*, Paris, Gallimard, coll. Folio essai, 1970.
- Berton, Hélène. *Les huiles essentielles pour la peau – une saine alternative cosmétique*, Montréal, Aroleome éditeur, 2007.
- Binet, Hélène et Emmanuelle Vibert. *Shopping Solidaire à Paris*, Paris, Autrement, 2005.
- Bourseiller, Philippe. *365 gestes pour sauver la planète*, Paris, Éditions de la Martinière, 2005.
- Bouttier-Guérive, Gaelle et Thierry Thouvenot. *Planète Attitude, les gestes écologiques au quotidien*, Paris, Le Seuil, 2004.
- Cohen, Ben et Mal Warwick. *Values-Driven Business: How to Change the World, Make Money, and Have Fun*, San Francisco, Berrett-Koehler Publishers, 2006.
- Collectif d'étude sur les pratiques solidaires, *La consommation responsable*, Montréal, Écosociété, 2007.
- De Graaf, John, David Wannet et Thomas H. Naylor. *J'achète*, Montréal, Fides, 2004.
- De Lisle, Sabine. *La journée de l'écocitoyen*, Bordeaux, Éditions Sud Ouest, 2006.
- Derek, Sophie. *L'écologie des paresseuses*, Paris, Marabout, 2006.
- Duane Elgin et Arnold Mitchell. «*Voluntary Simplicity*», *CoEvolution Quarterly*, 1977.
- Dumont, Bertrand. *Maison et jardins écologiques: 350 conseils et trucs pratiques*, Boucherville, Bertrand Dumont éditeur, 2007.

- Fondation Nicolas Hulot, *Écologuide de A à Z*, Paris, Le cherche midi éditeur, 2004.
- Geet Éthier, Marc. *Zéro Toxique*, Montréal, Trécarré, 2005.
- Gendron, Corinne. *Le développement durable comme compromis*, Montréal, Presses de l'Université du Québec, 2006.
- Glocheux, Dominique. *Sauvez cette planète! Mode d'emploi*, Paris, Jean-Claude Lattès, 2004.
- Heath, Joseph et Andrew Potter. *Révolte consommée*, Montréal, Trécarré, 2005.
- Huchinson, Marlène. *Vos déchets et vous*, Québec, Les Éditions Multi-Mondes, 2007.
- Hulot, Nicolas. *Le syndrome du Titanic*, Paris, Calmann-Lévy, 2004.
- Jacquard, Albert. *Mon utopie*, Paris, Stock, 2006.
- Kempf, Hervé. *Comment les riches détruisent la planète*, Paris, Le Seuil, 2007.
- Kingry, Judi et Lauren Devine. *Le grand livre des conserves*, Montréal, Les Éditions de l'Homme, 2006.
- Klein, Naomie. *No Logo, la tyrannie des marques*, Montréal, Leméac, 2000.
- Legault, Sophie. *Vaincre le désordre*, Montréal, Les Éditions Publistar, 2007.
- Legrand, Anne et Bruno Manuel. *Ensemble, initiatives solidaires en France*, Paris, Éditions Autrement, 2006.
- Norberg-Hodge, Helena, Todd Merrifield et Steve Gorelick. *Manger local*, Montréal, Écosociété, 2005.
- Prin, Olga. *Victimes d'un héritage contaminé*, Montréal, Publistar, 2002.
- Proulx, Steve. *Boycott*, Montréal, Les Intouchables, 2003.
- Renaud, Michel. *Fleurs et jardins écologiques: L'art d'aménager des écosystèmes*, Boucherville, Bertrand Dumont éditeur, 2005.
- Reymond, William. *Toxic*, Paris, Flammarion, 2007.
- Robitaille, Louise. *L'ABC des trucs de cuisine de Madame Chasse-Taches*, Montréal, Publistar, 2006.
- Smeesters, Edith, Anthony Daniel et Amina Djotni. *Solutions écologiques en horticulture: pour le contrôle des*

ravageurs, des mauvaises herbes et des maladies, Saint-Constant, Broquet, 2005.
• Stiens, Rita. *La vérité sur les cosmétiques naturels*, Paris, Leduc.S Éditions, 2007.
• Suzuki, David. *Ma vie*, Montréal, Boréal, 2006.
• Villeneuve, Claude et François Richard. *Vivre les changements climatiques : Quoi de neuf ?*, Québec, MultiMondes, 2005.
• Waridel, Laure. *Acheter, c'est voter*, Montréal, Écosociété, 2002.
• Waridel, Laure. *L'envers de l'assiette*, Montréal, Écosociété, 2003.

Télévision

• *La vie en Vert*, émission hebdomadaire diffusée sur les ondes de Télé-Québec
www.telequebec.tv/sites/vert/
• *Les réfugiés de la planète bleue*, Documentaire de l'ONF réalisé par Hélène Choquette et Jean-Philippe Duval, 2006.

Table des matières

L'écolo écono	p. 7
Comment faire ?	p. 9
Votre empreinte écologique	p. 11
Projets du mois	p. 12
L'automne	p. 41
L'hiver	p. 71
Le printemps	p. 121
L'été	p. 165
Annexes	p. 212
Bibliographie	p. 219

La production du titre *L'écolo écono* sur 3 844 lb de papier Silva Enviro plutôt que sur du papier vierge aide l'environnement des façons suivantes :

Arbres sauvés : 33
Évite la production de déchets solides de 942 kg
Réduit la quantité d'eau utilisée de 89 089 L
Réduit les matières en suspension dans l'eau de 6,0 kg
Réduit les émissions atmosphériques de 2 068 kg
Réduit la consommation de gaz naturel de 135 m^3

Marquis imprimeur inc.

Québec, Canada
2007